EL ENGRANAJE DE LAS MARIPOSAS

Nos están creciendo alitas

Kike Suárez "Babas"

Ediciones De Un Plumazo

A lure,
con toda palabra,
con cada latido.

CONTENIDO

PRÓLOGO NACHO VEGAS

FE EN EL SER HUMANO

Que Kike Babas publique un libro como "El engranaje de las mariposas" es para mí una muy buena noticia, y se me ocurren unas cuantas razones.

Para empezar, me ha permitido leer algo que no sólo me resulta emocionante y verdadero, sino también cercano. Demasiada literatura contemporánea existe que habla de cosas que no parecen tener nada que ver con mi vida, incluso en escritores de mi misma generación y aun particularmente en estos. En principio no debe sorprender que una generación tan rancia e indolente no esté logrando crear obras perturbadoras, de esas que te sacuden cuando te llegan al corazón y a la boca del estómago, pero también es cierto que esa mediocridad omnipresente debería ser una buena razón para cuestionarlo todo y a todos -empezando por uno mismo-, para pensar "hay que hacer algo", porque las alternativas son o bien el aburrimiento mortal, o bien poner bombas.

Creo que es desde esta perspectiva desde la que Kike Babas ha escrito un relato como "El engranaje de las mariposas", una delicia que tiene algo de carta de amor y algo de testamento vital, un alegato a favor de la vida en esos barrios a los que los centros de las ciudades pretender fagocitar para acabar convirtiéndonos a todos en habitantes de enormes centros comerciales.

Ese parece ser precisamente el destino de la pequeñaja a la que está dirigido un cuento que, estupendamente narrado en segunda persona, rezuma ternura y urgencia a partes iguales. Urgencia por constatar las vidas de unos personajes que sobreviven a pesar del desencanto y los golpes recibidos, atrapados en el bucle de los días normales, los únicos que conocen; y ternura porque a pesar de ello aún conservan una suerte de nobleza insólita y una ilusión que saben nadie les podrá arrebatar. Como la de tener un hijo. Celebrando la paternidad con gracia, sensibilidad y poca sensiblería. Un cuento que me ha llevado a pensar que debo tener fe en el ser humano, que después de todo lo merece, pardiez.

"El engranaje de las mariposas" –ya el título es precioso- es un libro que hace que, a pesar de los pesares, uno se sienta agradecido por seguir vivo en la tierra, y con ganas de seguir algunos años más.

EL ENGRANAJE DE LAS MARIPOSAS

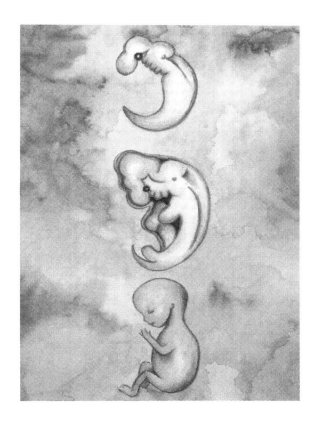

CAPÍTULO I. 18 SEMANAS DE GESTACIÓN

15 Cm. 190 Gr.

Ya ha pasado el cuarto mes de gestación, tu madre y yo aún no te hemos puesto nombre. Desconozco, pues, cómo te vas a llamar. Por ahora poco me importa, ya te sé. Te nombraré cuando surja, chiquituja. De momento saberte es más que suficiente. Escribirte, necesario.

También sé, quiero saber, que leerás esto. Así debería ser. No serás ni la primera, claro, ni la única, que solo sé escribir cara al público, existente o no. Pero eres, al presente, cuando me enfrento a la creación y no a la exhibición, los ojos de la primera fila. Por eso este recital es para ti. Ahora que estás a punto de llegar puedo empezar esta canción. Es tuya.

No incluye una buena noticia la primera estrofa, mi niña, no vino así. Resulta que el Charco duerme esta noche en la cárcel, le han quitado la pulsera, que ya le darán explicaciones. El Charco ya cumplió dentro casi un año de los tres y pico que le cayeron por la bola de speed descubierta in fraganti en un mal escondite del coche cuando repostaba bajando del

Norte al barrio por la A-1. Una bola para muchos que se comió solo él. Ahora cumple lo que le queda de pena en régimen abierto. La pulsera es un moderno grillete electrónico por el que suspira cualquier preso que esté en tercer grado durmiendo en Victoria Kent, la cárcel apartamento en régimen abierto de tu ciudad, Madrid. La pulsera va encadenada al tobillo, pero no parece un grillete, más bien una gruesa venda contra alguna fractura, lo que la convierte además en cruel metáfora. Es una manera de cumplir condena fuera de la cárcel, duermes en casa y haces vida normal entre comillas. Si no estás a tu hora en casa, once de la noche, el aparato encadenado al tobillo pita porque el detector enganchado al teléfono fijo no te encuentra en su radio de acción de escasísimos metros. Y eso es un marrón.

Lo del Charco me lo ha contado el Negro. Supongo que te iré hablando de negros y negros y charcos y charcos, pero lo inmediato ahora es que sepas que esta noche el Charco no dormirá en su casa sino en la cárcel. El rumor del barrio sostiene que Instituciones Penitenciarias ha dictaminado que su reinserción no ha sido la correcta, parece ser que sigue en paro y los análisis por sorpresa dijeron que se fumó algún porro. ¡Ay, castigos! Son muchos, mi linda, y se reparten de manera melindre y discriminada.

Pero no te preocupes canija, que no buscan ni pretenden tu tristeza estas primeras palabras. Ha sido un pequeño susto, un dardo injusto, cosa del día. Vaya, que solo es una puta noche en Victoria Kent, que lo chungo ya pasó. Sin lágrimas, que ya está fuera. Además, las amarguras dan herramientas, o deberían darlas. En este momento, simplemente, la anécdota jode. Por eso el beso de buenas noches se lo vamos a dar al Charco. Tú y yo juntos mi niña: "Buenas noches, Charco".

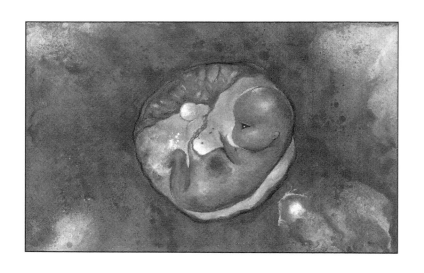

CAPÍTULO II. 21 SEMANAS DE GESTACÍON

21 Cm. 380 Gr.

El barrio duerme y yo apuro horas contigo. Con mis gafas de ocho dioptrías y el porro de andar por casa. Descalzo y en pantalón de pijama me voy encontrando cómodo y suelto al escribirte. Natural que no a borbotones, que son unas pocas cosas las que me apetece contarte, pero poco el tiempo que le otorgo a escribirlas. Es curioso, no te quise tener antes porque no quería cuidar de ti y ahora te escribo como si de toda la vida. En tu caso es así: linda perogrullada me salió.

Ni perro ni plantas tuve y ahora tú. A las pocas semanas de saber que no tenía el sida, supe que te iba a tener a ti. Una doble carambola con un premio final, vida, la tuya y la mía. Brutal. Antes no te quería tener por no cuidarte. Si no me cuidaba no sabría cuidar de ti, para qué *enmarronarse*. No me apetecía, sin más. Jamás me puse como excusa lo mal que está el mundo, lo jodida e injusta que es la vida en este planeta; algo que por otra parte es cierto, globalmente hablando. Razón de peso, pero lejana. Sé que traerte al mundo no es un gesto de sensatez, mas no se le pide sensatez a un arrebato de gloria.

Por lo que te atañe he de contarte, para dejar bien definido el centro emocional y físico de todo esto ya desde las primeras líneas, que una de mis mayores convicciones es tu madre, sin ella tú no estarías siendo posible (vaya, otra linda perogrullada). O sí, pero no de esta manera. Ni yo tan entero, tan creciendo y con tantas ganas. Mi niña, tú vas llegando ahora a incrustarte en mi corazón, ella ya tiene mi calle y mi hueso. Y unos poquitos versos esparramados en folios. Con ella quisiera llegar a ser y a estar. *I want to be with her*. Y te lo escribo en inglés por que el verbo *to be* es tan completo que arropa ambas voluntades bajo su solo manto. Con ella he decidido dar este salto. Creo oportuno contarte que no vienes a rellenar carencias, ni eres fruto del azar, eres un suma y sigue. Simplemente vamos a hacerlo, hay que jugársela.

I want to be with you. Contigo, chiquituja, aspiro a que pases los años próximos a mi vera y nos hartemos de besar estrellas, sin más. Trasmitirnos mutua, amorosamente, el mejor sentir de esta familia que ya formamos y de la que tan contento y orgulloso me siento. Estarás un tiempo conmigo y luego a volar, pajarillo. Ojalá tu madre y yo sepamos hacerte llegar un poco de nuestra experiencia en vuelo. De las cabriolas a las que nos obligaron nuestros vientos. De las corrientes que creamos con nuestro aleteo. Suyo es que supiésemos hacer de cuaderno de instrucciones en tu vuelo, hija mía, que luego llegarán tus vientos y tus piruetas, el trenzado de tus propias acrobacias. Y hasta por ahí espero saber hacerte llegar los besos.

Por eso estas palabras hoy, la bitácora cotidiana de lo que pasa a tu alrededor, de dónde duermes y con quién comes, quiénes son las voces que llegan desde el otro lado de la piel. Tu aleteo ha empezando ya, a juzgar por cómo te mueves dentro de mi compañera. Ella me cuenta que te apoyas en su costilla flotante izquierda y te lanzas de cabeza. La creo, y me cuesta poco imaginarte, apenas unos escasos milímetros de mágica pared nos separan.

Voy sabiendo de ti al día: porque te siento y porque tu madre me va contando puntualmente. Incluso celos me poseyeron de no tenerte dentro. Miedos de que una vez fuera no estuvieses nunca tan dentro. Que de todo ha habido en los nervios de este joven padre. Ya ves, yermos me parecen ahora esos celos y esos miedos de las primeras semanas, vas liberando unos y llegan otros, con el surrealismo que caracteriza la imaginación del ignorante. Pero voy con ganas de aprender. Voy aprendiendo. De momento intento no querer saber más allá del día aproximado de vida al que has llegado. La gente da muchos consejos, todo el mundo sabe, pero prefiero preguntar directamente al útero. También me informo a tiempo real en una enciclopedia del bebé de por dónde andan tus huesos y tus tejidos, pasan los días y semanalmente descubro una nueva página llena de fotografías de fetos y dibujitos explicatorios. Sí o sí, sé que me voy a comer la cabeza con esta jugada. Ya me la como, y por eso intento ajustarme a tu presente más inmediato, que es el mío, para disfrutar tranquilo de tu fascinante formación, de tus reacciones en cada momento.

Ahora, bichito, tienes veintiuna semanas de vida, cinco meses aproximadamente y, según extraigo de la enciclopedia, desde que estrenaste tu quinto mes de existencia tu peso se ha multiplicado por cinco y tu altura se ha doblado, mides unos veinticinco centímetros. Vas teniendo más cabello en la cabeza, y en el extremo de tus deditos ya se han formado huellas digitales y uñas, según lo cual, ya eres identificable y puedes arañar, irrevocable cal y arena en la punta de nuestros garfios. Sigue firme la evolución de tu aparato respiratorio y ya no hay duda del órgano genital que posees. Eres una mujer, mi amor, a la segunda ecografía lo dejaste claro. Pesas 360 gramos y tu cabeza está cada vez menos desproporcionada con respecto al resto de tu cuerpo, que va aumentando de tamaño. Cada vez te mueves más, y eso no hace falta leerlo.

Por ahí rondas tú, canijilla, según pone en el libro. Tamaño más que suficiente para comunicarme contigo. Yo a las palabras y las caricias a través del ombligo, tú a los achuchones hacia fuera. La gente habla de pataditas, pero a mí me da la impresión de que le empellas con el hombro y la cabeza a la vez. Yo hablaría de embestidillas.

Hablo contigo, mi hija sin nombre, con poco más de medio kilo y poco menos de treinta centímetros. Chica, yo te noto grandísima. Y aquí me daré, contándote de unas cosas y otras. Te hablaré de tus tíos y tus tías, carnales por amistad; del barrio y de la calle; de nuestra casa, aunque menos. Y mientras duermes en el vientre de tu madre, apuro en el salón estas palabras contigo, acaricio cada tecla. Son para que entiendas, me entiendas, nos entiendas, un poco mejor, para que sepas de la gente y de las valías con las que vas a crecer. De esos que serán, ya son, tíos y tías, y te van cuidar porque eres de quien eres y de donde eres. Para que conozcas la raíz de los primeros recuerdos que poblarán tu memoria, las personas que recorrerán muchos momentos claves de la película ineludible de tu infancia. Para que ates cabos. Y ojo, que dejo de forma muy consciente la sangre aparte. Eso merecería otro escrito. Pero aún he de profundizar más en ese sentido para poder hacerlo público. Conviene ponerse gitano, que a la madre solo la menta uno, que escribir en primera persona obliga a eso, a saber callar.

De todas formas, por lo que he ido anotando en mi cuaderno mental de impresiones emocionales, se trata básicamente de amor, y de eso mi niña me da que vamos sobrados. Habrá que ver cómo lo esculpimos. También se trata del pan bajo el sobaco, pero no te preocupes demasiado: eres chica occidental en país occidental, de un país más jodedor que jodido.

Eso son muchos puntos a favor para el buche cotidiano.

CÁPÍTULO III. 22 SEMANAS DE GESTACIÓN

23 Cm. 470 Gr.

B uenas noches, bichito, pasan las semanas con los nervios expectantes y la sensibilidad a flor de piel, pero tranquilos y animados. ¿Sabes que le das mucha placidez a tu madre? La pones bonita. ¡Está tan guapa! Antes de continuar quisiera precisarme, para desentrañar bien el origen y poder continuar el texto con radical holgura, cuándo empecé a escribirte estas palabras, más allá del día de la rabia por la noche que pasó el Charco en Victoria Kent. Sé que la idea ya estaba ahí desde antes. Posiblemente empecé a rumiar estas palabras la primera vez que me seguiste las caricias a través de la barriga. Yo movía despacio la mano por el amplio alrededor del ombligo de tu madre, tú ibas combando el cuerpo, buscando cada caricia, siguiéndola. Cuando supe que entendías y atendías mis caricias, supe que tenía que escribirte estas palabras, que pretenden ser, y son, otra caricia. Se te regala la vida, chiquituja, a ver qué te parece. Por mi parte creo que ningún dios se debió de sentir mejor el primer día de su respectiva creación. Tengo un goce de varios meses y vivo en el paraíso. Un paraíso sin ascensor donde se durmió poco y se palpó el miedo, donde aún no se duerme demasiado y se piensa mucho y se siente más. Donde se cruzan los dedos.

Te he ido besando desde entonces por las paredes de la barriga, antes intuía que sabías de mis besos, ahora lo aseguro. La enciclopedia también lo dice, habla de tu vida emocional. Dice que hay una vida secreta del niño antes de nacer, y estoy de acuerdo, aunque secreta no es, pero el doctorado texto me reafirmó que no estoy flipando, que te enteras y claro que aprecias, que sabes de nervios y tranquilidad, que te llega la adrenalina antes que a nadie. Mi estómago ya me lo decía, mis manos lo confirmaban, ahora los estudios de los libros han puesto la guinda cabal. Aquí la magia parece que no contabiliza, pero en verdad lo matiza todo. Por eso me persigues cuando acaricio la barriga: es magia. Ahora mismo, siendo técnicos, se diría que se desarrolla tu lado emocional. Siendo llanos, yo diría que buscas los arrumacos.

En dos detalles más aposentaría yo la prehistoria de este relato: los juguetes de L y el llavero de Tommy. Dos pinceladas aparentemente inconexas que no establecen una línea tan directa como el hecho de que, al seguirme las caricias, me pusiera a escribirte. Pero de alguna manera se tornaron imprescindibles en mi ánimo de coger la pluma. Cuando viene así hay que escribirlo, aunque no sepas por qué.

De ahí que estas palabras se empezaran a tascar la tarde de hace varias semanas que fui a pillar costo a casa de L, en uno de los edificios de realojo que lindan con la autopista M-40, precisamente allí donde estuvo mi primera guardería, hace treinta y tantos años, cuando Madrid acababa en el barrio y el horizonte a partir de nosotros era ancho, trigueño y castellano. Nunca había estado antes en casa de L, quedé muy sorprendido, toda la estancia parecía una tienda de mercadería exclusiva de La Guerra de las Galaxias. L lo tiene todo: muñecos, naves, maquetas, caretas, disfraces, espadas de luz. En aquel santuario de un universo paralelo e inexistente, de imaginación patentada y con copyright, L dibuja en un folio las caras de sus deudores. Como no se le da bien escribir, se apaña con los dibujos. Son unas caricaturas naifs, que dirían algunos, de trazo infantil pero eficiente, pues las caras de los que le dejan dinero a deber son lo suficientemente reconocibles. Yo pagué al momento y no tuvo que dibujarme, pero hubo un algo en el ambiente que me obligó a escribirte. Una sombra de ternura e inocencia rezagada en cada Luke Skywalker, en cada Chebbaka y en cada caricatura de cada deudor. "Esto he de escribírselo a mi niña", me dije, "la colección de juguetes, las caricaturas". Y así te lo cuento, sin buscarle más por qué.

Días después volví a sentir la imperiosa necesidad de contarte una anécdota que tampoco tiene que ver con el embarazo, la paternidad o la literatura, fue cuando Tommy me contó que había creído que había perdido su llavero pero que finalmente le había aparecido. Me lo enseñó orgulloso y aliviado: un desconchado muñeco de futbolín blanco, del Real Madrid, y un osito de peluche rosa. El resto de su reconocible llavero lo conforma un inmenso manojo de llaves, que seguramente lo abrirán todo. Madera y peluche, el material de su llavero, el material del que está hecho probablemente Tommy. Desgastada y surcada, como el muñeco del futbolín, tiene Tommy la cara. Tocada por la paliza a vaso roto que le dieron entre muchos una mala noche a la salida de La Salamandra Besucona. Precisamente conocí a Tommy desde que le rajaron la cara. Antes, pese a tratarnos de años, no era penetrable para mi. Le visité un día convaleciente, hablamos de bien y nos miramos a los ojos. Desde ese día hemos ido ganando una cierta, cariñosa confianza. Por eso me preocupé por el paradero del llavero y por el susto que se había llevado Tommy. Por eso te lo cuento: llavero encontrado y cicatrices cicatrizadas.

Caricias, dibujos, juguetes. Cicatrices, madera, peluche. De esos materiales nacieron estas palabras. Fijados los cimientos del relato, puedo continuar.

CAPÍTULO IV. 23 SEMANAS DE GESTACIÓN

26 Cm. 550 Gr.

No recuerdo cómo eran los amaneceres en el líquido amniótico de tu abuela, pero aventuro, no sin lógica pues estamos estrenando primavera, que sientes por las mañanas el baño de trasluz que te llega desde el sol, su tibio beso de calor. Que notas la diferencia entre el largo espacio calmoso de fondo negro y luz apagada y, tras un breve y repentino bamboleo, el comenzar de la otra calma iluminada y caliente. Eso es porque al despertar a tu madre le gusta desperezarse tendida desnuda en la terraza. Dos metros cuadrados donde la princesa extiende sus trenzas al día desde esta almena en el quinto y último piso del número 1.441 de la calle Ganzúa, en el barrio de Hortaleza, antes "pueblo de". El día responde poniendo delante de tu madre y su almena un parque grande con árboles viejos y altos de hoja perenne. Un vergel que deja trecho suficiente en el cielo para disfrutar de los juegos eternos del sol con las nubes y la luna con las estrellas. Un breve fragmento de intemperie boscosa antes de que el horizonte se jalone de torres y torres, edificios y edificios.

Tu hogar tiene dos habitaciones, un salón, un baño, una cocina y una terraza. Nada es muy grande salvo las ventanas, dejamos que entre bien el sol, que para eso somos los vecinos que vivimos más cerca. Se entra por la parte trasera del edificio, que por ese lado da a la enrevesada calle Ganzúa; sin embargo, la parte delantera del edificio, donde asoma la terraza, es la calle Monte Caspio, una calle amplia con dos carriles en cada sentido y un paso de cebra nuevo delante de casa. En la acera de enfrente de Monte Caspio está el amurallado parque de Clara Eugenia que, aparte de los venerables árboles que se ven desde la terraza, contiene un auditorio para una de las orquestas municipales de la ciudad y uno de los centros de acogida de niños descarriados de la región. Separados están entre sí los edificios por una tapia, la parte del parque de los críos de acogida es pública, salvo su edificio, ellos mismos saltan la valla de su semi-encerrona para holgazanear en la fuente y amedrentar transeúntes. La parte de los músicos es privada, las custodian dos vigilantes, y a veces dan en su interior fiestas matinales de copete municipal. Otras veces los músicos funcionarios inundan las mañanas con la gorgorea, exasperante afinación de sus instrumentos, mientras estiran las piernas en su exclusivo trozo de parque. Luego, dentro del auditorio, están insonorizados, así que nunca se ha oído en el aire del barrio sonar a la orquesta completa.

Mientras tu madre se despereza en la terraza me voy a la tienda de los chinos a comprar algo para desayunar. El recorrido que voy a hacer es poco más o menos, mi niña, el mismo que haces tú día sí día también, cuando los días transcurren en el barrio y no hay curro ni algarabía que distraigan el funcionar cotidiano. No sé qué metros cuadrados puedan ser. ¿Medio kilómetro cuadrado? Trazando un irregular cuadrángulo, esto es, de lados y ángulos desiguales, y situando nuestra casa en el vértice bajo izquierdo, nuestro espacio vital cuando pisamos la calle andará por esa medida. Trescientos metros en recto por la calle Monte Caspio empalmando con Monte Negro. Subida a la izquierda de cincuenta metros por la calle Monte Menor. Torcer a la izquierda y coger Monte Aral durante ciento cincuenta metros para descender a la izquierda por la calle Ganzúa, pongámosle otros doscientos metros, y llegar hasta el punto de partida, tu hogar. En apenas ese espacio hemos cubierto nuestras necesidades básicas: el tabaco y la medicinas, el papeo y la química, las reparaciones del coche y el sacie de la sed. Todo esta ahí, solo hay que saber en qué puerta tocar. Si nos quedamos en el barrio, no necesitamos movernos de ese cuadrángulo. Lo tenemos todo.

Desciendo los cinco pisos sin ascensor, salgo por Ganzúa pero rodeo el edificio para desembocar en Monte Caspio. Saludo a la panadera nueva, una ecuatoriana que siempre pregunta por ti, y a Santi, el de la perfumería, ellos son los regentes de las dos tiendas que habitan en los bajos de nuestro edificio. Inicio los trescientos metros en recto por la calle Monte Caspio, tras media docena de árboles desangelados y sin jardín donde aposentarse, viene otro bloque de las mismas características que el nuestro, pero más alargado y con diferentes locales comerciales. Pegada la nariz al escaparate de la deslucida tienda de animales exóticos me encuentro al Aceituna, con la gorra hacia detrás, los malabares costrosos y el monociclo donde practica piruetas sobre una sola rueda. El Aceituna está hinchado, con la inflación corporal que le produjeron los medicamentos para la cabeza. No me ha visto y no le saludo. El local contiguo es la farmacia, su farmacéutico es un héroe local porque apareció en los noticiarios de televisión por haber perseguido con su coche a unos activistas tras un atentado, el loco. Al farmacéutico le caemos bien, es muy amable, su responsabilidad cívica le obliga a interesarse por ti. Es hijo de los farmacéuticos que llevaban antes la botica, que ya están mayores para atender clientes y llevar cuentas, que resultan groseramente fáciles de atracar y, teniendo como tienen un hijo héroe, para qué correr riesgos. Contiguo a la farmacia está el puesto de loterías y apuestas del Estado, que se pone determinados días de la semana de bote en bote con una cola de gente que confía que la suerte bendiga el barrio para poder salir de él. Después una tienda de zapatos, una de instalación de aluminios y un dolor, pues han sustituido por un concesionario de venta de inmuebles el bar La Gallega, una tasca pequeña de tapas y bocadillos clásicos, de raciones buenas y gallegas, que llevaba en el barrio varias vidas y miles de desayunos. Después la tienda de baratijas, de las llamadas todo a cien, aunque ese mismo local fue antes una frutería y antes que eso una lencería, un local con mala suerte, el todo a cien durará poco. Finaliza el bloque con un taller mecánico donde curran dos rumanos, Loviu y Ahmed, mecánicos baratos que mordisquean el castellano con destreza y ni venden piezas que no son ni estiran la mano de obra. Y conocen la letra b. Ayer les dejé mi deslustrado R-5, por ahora solo le cambiaron el aceite. Más cuidados necesita el coche; por ejemplo, el freno de mano, que no muerde, babea. Por ejemplo, el cable del embrague, otro que tal baila. Pero por ahora no tengo pasta para rematar el coche. Llegará.

Sigo caminando en línea recta, cruzo la calle Monte de las Antillas, que atraviesa perpendicularmente esta línea del recorrido, e inicio el leve descenso de la calle Monte Negro por la acera izquierda, a la vera del muro del único conato de mansión del trayecto, un antiguo caserón hermoso que, dice el rumor, pertenecía a los antiguos dueños del barrio, cuando Hortaleza era tierra de grano, antes de ser ciudad. En la acera de enfrente está la gasolinera. P, ataviado con la vestimenta oficial de los dependientes del surtidor, me hace señas para que me acerque hasta él. Cruzo la calle a ver qué quiere, P siempre ha sido demasiado discreto como para gritar de lado a lado de la calle. Recientemente fue padre y mira con ternura este caminar mío, él ya pasó por esto, me suele decir. Hace años P me vendía las piezas de cuarto de kilo de hachís, costo de ficha, apaleado, algo que ya no se vende, pues todos nos hemos ido pasando a los huevos ricos y el polen resinoso. P se aleja unos discrecionales metros del surtidor y me pregunta, casi en cuchicheo, si es verdad que el Tacatá ha muerto. Le digo que no, que estuve las pasadas navidades con él, que ha ido a descansar donde la vieja a un pueblo andaluz, que en los últimos tiempos se había enganchado a la cocaína fumada, a la base, y que aquello fue el infierno y necesitaba recuperar aliento vital. "Maltrecho", le cuento a P, "pero vivo". Le detallo que el Tacatá ha perdido mucho pelo y los dientes que le quedan son apenas irregulares hilillos borrosos y negros, clavos ardiendo donde apuntalar la superación de ciertos fantasmas del pasado y que se imponen al propio regusto por la muerte lenta. Me despido de P, que masculla cierto alivio antes de recordar que el Tacatá aún le debe un cuarto de hachís completo de cuando se dedicaba al negocio. P jamás olvidará esa deuda, yo lo sé y el Tacatá lo sabe también, así que si alguna vez vuelve por el barrio traerá la pasta.

Sigo descendiendo, ya por la acera de la derecha, escaparate tras escaparate por la calle Monte Negro. La tienda de repuestos de coche. Un par de locales en traspaso que quisieron ser respectivamente perfumería y tienda de moda y suplementos, pero que poco se comieron. El portal donde vive la madre del Besos, que cuenta que un reguero de gasoil fluye por la acera desde la gasolinera los días de reposición, y que menos mal que es gasoil y no gasolina, pues no prende este al simple contacto con una mala chispa. Después la papelería, que siempre está a reventar, y la cervecería, que también despacha kebabs desde que la cogieron unos marroquíes. Una cristalería, una tienda de repuestos de electricidad, una de calzados y otro taller mecánico. Algunos son locales realmente minúsculos. Otra tienda de baratijas, "todo a cien, trescientos, quinientos", todavía hace referencia a las pesetas y no a los euros, quizás no haya habido presupuesto para cambiar el rótulo. Finalmente, una sucursal de banco. Cruzo la calle para subir a la izquierda, mirando de reojo la puerta de la clínica dental, que antes había sido un concesionario de coches y que regala una limpieza bucal si te haces una revisión. Debería ir.

Doblo la esquina frente a la galería comercial; si no fuese domingo y estuviese cerrada, aquí es adonde hubiese venido a pillar el desayuno y de paso hubiese hecho algo de compra. Subo cincuenta metros por la inocua calle Monte Menor. Un par de portales, una tienda de modas y una jamonería-cervecería. Nunca he entrado en ninguno de los cuatro: no me gusta la ropa que ofrecen, ni el precio de los bocadillos de jamón, que salen más baratos en cualquier otro sitio del barrio, ni conozco a nadie en esos portales.

Antes de torcer a la izquierda y comenzar el regreso, paro en el vértice superior derecho de este imaginario cuadrángulo, en la tienda de alimentación y frutos secos regentada por unos chinos. Compro leche, pan y embutido. Los chinos llegaron hace poco al barrio, pero se van apañando. Caen bien por su sonrisa permanente, por su afable manera de murmurar buenos días. Suelen tener la televisión permanentemente encendida, siempre con teleseries en chino. Abren más horas que nadie, y por ahí nos han ganado.

En vez de volver sobre mis pasos, y por aquello de explicarte lo del cuadrángulo, regreso por la calle Monte Aral sin apenas fijarme en unos escaparates que conozco de memoria: el bar de tapas y sándwiches y la bodega-alimentación, justo enfrente de la pequeña tienduca de frutos secos que rigen la señora viejita y su hija con síndrome de Down. La mujer anda siempre despotricando de los chinos y perjura que sus golosinas son mejores que las de ellos. Todos sabemos que es mentira, que son las mismas chupitangas, pero que difícil lo tiene para competir con el inmisericorde ritmo de trabajo de los orientales. Ella seguro que precisa siesta, los chinos no. Yo en general consumo en ambos sitios, litros de cerveza y pipas de girasol saben igual, misma marca registrada, misma fecha de caducidad. Después camino por delante de los portales 525, 523 y 521 de Monte Aral, cuyos vecinos se ocupan de tener siempre llena de comida la esquina de los mimados gatos callejeros.

Finalmente, en la acera de la derecha, antes de cruzar Monte de las Antillas para llegar de nuevo a Ganzúa, orillo la valla del parque del Silo, cuyo nombre se debe al enorme silo que lo preside, mucho más imponente que los edificios colindantes y cuya leyenda cuenta que cuando lo fueron a tirar para hacer el parque, con grúas dentudas y metálicas bolas gigantes de demolición, la estructura no cedió y resistió los envites de las máquinas; así que, viendo que les salía más caro demolerlo que mantenerlo en pie, dejaron el silo y lo convirtieron en mirador y sala de exposiciones, en el faro de Hortaleza. En el parque del Silo están también la biblioteca municipal y el centro de reunión de la tercera edad. Tiene buenos trozos de césped y unos olivos viejos que sombrean de miedo en verano. Ahí es, desde siempre, donde bebemos los litros de cerveza las noches estivales de compadreo y refresquito.

Y por fin Ganzúa, una calle rara y fea de edificios bajos, pequeños y desconchados, colocados en líneas de irregular paralelismo sobre lo que algún día fue el medio de la nada. De hecho, a los taxistas les cuesta trabajo encontrar el número exacto de la calle al que quieren ir. A los carteros también. Bloques viejos y desparramados cuyos pisos ahora valen una pasta. Tomo como referente el bar situado en los bajos del número 1.380 de la calle Ganzúa - local que a partir de ahora nombraré como el Bar- para torcer hacia la izquierda y cubrir el último lado de este cuadrángulo vital y emocional. En verdad no son importantes todos los locales comerciales que me he de encontrar en Ganzúa hasta llegar a casa, exceptuando quizás el estanco. Lo que sí es importante es el Bar. Llevo muchos años parando en el Bar, desde que abrió. A esta hora de la mañana está cerrado, abre de tarde y la mayoría de estos tíos carnales que yo te invento viven y beben ahí. Pero de eso te iré hablando luego, que ahora tan solo salí a comprar algo de desayuno, no le demos demasiada ventaja al ronroneo de las tripas.

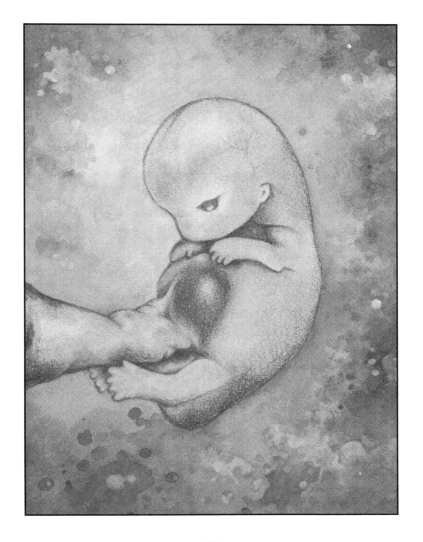

CAPÍTULO V. 24 SEMANAS DE GESTACIÓN

28 Cm. 630 Gr.

Hola, cachorrilla, hoy estuve toda la tarde en el Bar. El toque de queda de humo que se instala en Occidente aún no ha llegado al barrio. En el Bar aún puedes fumar hachís cuando pides cerveza. Será hasta que hagan un par de redadas y nos pillen y le pongan una multa al Bar y se ponga la cosa imposible y nosotros no queramos tener edad para seguir en ese mambo y el Bar se cerrará y nosotros tendremos que hacer vida social encerrados en nuestras casas. Hasta ahora van más de quince años con la misma guillotina, pero todavía no ha pasado nada. Sea como sea, el Bar, asignándole un sentido a su existencia, ya ha cumplido con creces su misión. Pero de gloria no se sobrevive, así que cumple día a día con la pimpante y loable tarea de juntarnos a los que bajo su techo y tras su barra nos cobijamos. Sin el Bar no nos veríamos, seríamos invisibles a nosotros mismos, meras cotidianidades desconectadas. Ni adiós nos hubiésemos dicho tras coincidir en el colegio, el instituto o el parque, pero como el Bar sigue abierto, la anomalía es seguir diciéndose hola.

Llevo parando allí desde los diecinueve años, el mismo local y el mismo nombre, el Bar. Ahora lo regenta el Cigala, antes fue el Besos, antes Geli y antes

Uli. Cada uno de los encargados fue imprimiendo su ritmo y carácter al funcionar. Los pósteres han ido cambiando, y todos, barra y clientes, nos hemos ido moldeando en el permanente crecimiento y madurez a los que obliga la vida. Pasó por épocas que nadie hubiese dicho que sobreviviría, pero de nuevo surgió cual ave Fénix cargada de cerveza fría, humo permisivo y música popular. La misma clientela pese a sus incorporaciones y sus deserciones. La sensación es que somos los mismos desde siempre; apenas gotean las nuevas adscripciones y los que se van nunca se van del todo.

Siempre he vivido cerca del Bar, me crié en el antiguo piso de tus abuelos en la calle La Flecha y después pasé a zascandilear unos años por áticos y cuartas plantas de la calle Virgen Susana. Ambas son calles de Hortaleza. Desde ellas el Bar queda a quinientos metros. La primera vez que entré en el Bar yo aún vivía con los abuelos, no te digo más. De hecho, mis padres y mis hermanos (o más propiamente debería decir tu abuelo, tu abuela, tu tía y tu tío por parte paterna) se fueron del barrio y yo me quedé. Mi única vida. Entera aquí. En una ocasión, al principio de los Cien años de soledad, Úrsula le dijo a José Arcadio que ya no se movían del lugar, en su caso Macondo, porque habían tenido allí un hijo, y José Arcadio le respondió que hasta que no se tuviese un muerto no se era de un lugar. Mi abuela, tu bisabuela, murió en el piso de La Flecha en manos de su hijo, o sea mi padre, o sea tu abuelo. Ahora vienes tú. Quizá por eso aparco con seguridad y alevosía donde me cuela, dejando el coche abierto sí o sí. Si pasease en pantuflas por la calle del barrio ni me daría cuenta. Como si en pijama.

Total, que el pulso del día lo fío en el Bar. Y si no me entero de nada, perfecto, que para eso también está. En el mismo barrio y con la misma gente. Ahí se me han ido fumando los años más intensos de mi vida, los que he tenido. El Bar me presentó a tu madre, así que eres de raíz aquel primer brindis, un beso en cada mejilla. Su suelo se tragó los esputos de mi primera tuberculosis; sus paredes rieron escandalizadas al saberse las conexiones de mis condilomas, que pasaron a ser nuestros. En silencio cómplice asistió a la sangrante y pertinaz pérdida de encías. Ora fue cálido rincón oscuro, ora cruel circo mediático, con alguno de los romances de mi vida, que también se bebieron allí. Y testigo poco mudo de mis otras paternidades. Aquí celebré todos los cumpleaños de otros y alguno mío, y varias noches viejas de tripi y fiestas de disfraces en invierno. En su baño todos hemos sido camellos. En algún momento llegamos a pensar que el Bar era el centro del mundo y nosotros invencibles; hasta que fuimos viendo que no. En el Bar se nos murió Uli, volando en parapente. Y Fernando. E Isra. Y Satanillas. Y Dazo. Y el gran Juanito. Y por temporadas el Bar se hizo pista de patinaje de nuestras neuronas. Hubo muchas ostias, claro. Algunos se levantaron y otros definitivamente besaron el hielo, aún lo besan. Y todos nos fuimos enrollando entre nosotros y algunos nos quedamos preñados. Antes se volaba en parapente y ahora se juega al ajedrez. Las mismas paredes.

Había bastante gente hoy, casi todos de pasada. Se preparaban a toda prisa, con voraces chupitos de güisqui y tercios de cerveza, para ir a la fiesta de disfraces del Pato Negro, un garito amigo en un barrio cercano. El Charco estaba tras la barra, echando una mano al Cigala, ejerciendo de puntual camarero. El Charco me contó que finalmente el episodio de la noche en la cárcel se debió únicamente a una equivocación de una funcionaria de prisiones. Brindamos y nos cagamos en los muertos de la carcelera. Rápidamente cambiamos de tercio y de conversación, al Charco le gusta el flamenco y me contó un par de anécdotas interesantes: que, de las dos hermanas de Utrera, la Fernanda era el verdadero crack, la que le hace llorar, y que existe en el flamenco un palo maldito, la petenera, que no se toca ni en bodas ni en festejos, que trae mala suerte mentarla, mal bajío, y por eso algunos le dicen la bicha. Y en alto repetimos petenera, petenera, petenera, por soliviantar demonios. Después nos contó el Cerra que le habían puesto una multa de 300 euros porque le habían pillado fumándose un porro dentro de su coche, aparcado. "Ni el consumo personal en la propiedad privada respetan", sentenció el Cerra, dicho lo cual brindamos y nos cagamos en los muertos de las multas, en sus padres, más bien. El Cerra no iba a la fiesta de disfraces, él solo para en el Bar, y apenas hace relaciones con gente de otros barrios.

Disfrazados de insecto mariquita y dibujo animado Homer Simpson, estaban Mafalda y el Mini respectivamente. Ella, cuando me ve, me dice a modo de saludo "p-a-p-á", "p-a-p-á", arrastrando y separando cada letra, enfatizando el babeo cariñoso que ese conjunto de letras significa, y yo, sin disimulo, me hincho. Mafalda y el Mini tendrán diez o quince años más que yo, de hecho, su única hija está a punto de alcanzar la mayoría de edad y a veces les da tales disgustos que se les tensa la cara en un gesto de pena infinita y muerdepolvos. Ellos, que sobrevivieron a las historias más truculentas del reinado de la heroína en el barrio, años ha. Cuentan que hasta vino tinto se llegó a chutar por vena el Mini, lo cuenta él. Fíjate, de alguna manera les admiro, por supervivientes supongo, por mantenerse tanto tiempo como pareja. Hay veces que ella le mira a él con, ejem, ojillos de cordera degollada...

Pol es cartero, se vino con el uniforme de faena para tener algo que lucir en la fiesta de disfraces, me contó que fingió una caída en el trabajo y que el médico le ha dado la baja. Lo brindamos, por supuesto. También charlé un rato con Pini y Ana, que, como el Cerra, tampoco iban a la fiesta. Ella le abroncó por quedarse con el teléfono móvil que algún niño perdió en el autobús que él conduce: un vehículo de 58 plazas en el que a primera hora lleva a los empleados de un banco a su sucursal, y después a unos niños a su colegio, y después a lo que venga y después a recogerlos a todos. Me dijo el Pini que le dijo a su jefe que se negaba a limpiar más vomitados de los invitados de las bodas, que su trabajo era tan solo traerlos del convite nupcial sanos, salvos y borrachos, pero que no tenía por qué limpiar sus potas. Me contó que además estaba tremendamente estresado en esta ciudad infernal de tráfico lento y abubilla, de caravanas perennes. Me dijo, en definitiva, que se quedaba con el móvil, que era un modelo bien guapo.

Todos me preguntaron por ti y a todos conté, sin cansarme de repetirlo y casi siempre con las mismas palabras, que ya tienes veinticuatro semanas, casi seis meses de gestación, y que te mueves mucho. De veinte a sesenta movimientos cada media hora, dice la enciclopedia, aunque ya les aclaré que yo no los había contado y que desde luego tu movimiento no es constante, que tienes claras fases de vigilia y sueño y que te gusta jalear al caer la tarde. Les conté que tu cara se va afinando, hija mía, y que si pudiésemos bucear en el líquido amniótico ya te veríamos las cejas y el perfil de la nariz, tus orejas cada vez más grandes y la intención de destacar de tu cuello. Les dije que a veces te chupas el pulgar y que a veces tienes hipo. Estuvimos un rato imaginándote, picolina, y a alguno se le pusieron los ojos tiernos.

CAPÍTULO VI. 25 SEMANAS DE GESTACIÓN

29 Cm. 720 Gr.

Regreso del Bar a casa satisfecho, no demasiado bebido, hasta contento. Por el camino, en esos pocos decenas de metros a través de la laberíntica calle Ganzúa, voy divagando historias de tu tierra, la Villanía de Fortaleza. Gris pero lucida, proletaria y, por lo que nos toca, cuna de barrionalismo, palabra que como tal no existe pero que bien podría definirse como orgullo de ombligo, chovinismo de pelusa propia, ganas de llenarse la boca con cualquier cosa. Quizá sea lo único seguro en esta ciudad tan ajena a sus propios vecinos, esta capital donde vive un rey con su innumerable corte y su prolija familia; donde reside el inútil Senado y los inútiles senadores; la hacienda general y sus recaudadores; el palacio de las Cortes con sus cortesanos; la jefatura general de prácticamente cada uno de los cuerpos represivos; la cúpula militar y su chusca fuerza bruta; las administraciones públicas y sus burócratas; las distintas casas de la justicia y sus implacables justicieros, obtusamente ciegos; las cabeceras de los periódicos de mayor tirada con sus editorialistas tendenciosos y sus periodistas maniatados o directamente malintencionados, desinformados cuando menos, desinformadores en general. Un lugar importante, pensarían unos. Un mentidero descomunal, podrían sentenciar los partidarios del sentido común.

Todas estas características hacen de la ciudad una indiscriminada paridora de palabras con mayúscula y blindados conceptos, que nos llegan al barrio en minúscula y maltrechas. La desconfianza es lógica. Algunas se pueden tomar a risa, moscardones que molestan pero no pican. Monarquía. Iglesia. Por lo vacuo de su significado y lo ridículo de su trastienda cabe la carcajada, aun atorada por tragar con semejantes ruedas de molino: reyes cristianos y cristianos reyes. Son esquivables hasta cierto punto. Otras no. Justicia. Democracia. Patria. Libertad. Igualdad. Seguridad. Palabras lavadas de estómago, como patatas pútridas de exterior aparente e interior blando y maloliente, cuyo reflejo en el espejo cotidiano del día a día, genera aquí otras palabras con conceptos mucho menos complacientes. Intolerancia. Ignorancia. Represión. Precariedad. Desconfianza. Miedo.

De tal forma que vivimos cegados por el resplandor de los conceptos mayúsculos, los que parten el bacalao y exprimen la naranja. Contentos de andar reprimidos y precarios, intolerantes e ignorantes, desconfiados y miedosos, pues brillamos a la luz del catódico presente como justos, demócratas, patriotas, libres, iguales y seguros; monárquicos y católicos. Parece evidente, algo no cuela.

Somos los que votan y no deciden, los hipnotizados de las mieles mediáticas, los grandes vencedores de la mediocridad histórica. Los condenados al sudor. Los honrados. A los que devuelve Hacienda. Los que pagan el hurto con cárcel y la cumplen. Nuestra voz se oye en el escaso turno del oyente, nunca somos tertulianos del presente global, si acaso espectadores. Los que repetimos los chistes de la televisión. Los que aprendemos nombres, gestos y amores de futbolistas, toreros y demás deidades rosas. Con el descuido, le hemos agarrado un miedo a la vida que necesitaríamos un cuarto de siglo sin televisión para dejar de temblar. Somos la turba de linchadores del negro, los que tiran de la soga.

En definitiva, somos hasta aquí como cualquier hijo de vecino, pero, si acerco aún más el zoom de esta óptica vital, enfocando exclusivamente esa parte del barrio donde habita la familia, esto es, el cuadrángulo donde está la casa, el bar y el parque, alguna más de esas grandes palabras descarga por acá sus malos augurios.

Salud. Otra de esas palabras manoseadas y desvirtuadas que vomita en forma de parabienes el mentidero capitalino, en virtud de la cual están haciendo con nosotros una verdadera masacre. La salud, que bien podría pensarse que se trata de algo exclusivamente personal, pero a la que pusieron un apellido, Pública, Salud Pública, apropiándose de esta manera de nuestro derecho último a decidir sobre ella, aun acoquinando. Para rematar, como dardo envenenado, se sacaron de la manga un compuesto título nobiliario,

Delito Contra. Delito Contra la Salud Pública: ahí tenemos el lío montado.

Si no estás a favor de la Salud estás en contra; si así es, eres un enfermo: irremediable y equivocadamente enfermo, hay que intervenir. No te digo ya nada si trapicheas con el gusto de otros. Que todo se hace está claro, se consume y se vende, pero de estraperlo y tapadillo, de manera incómoda, bastante peligrosa. Qué lástima, ni la frontera de la piel respetan. La que debía ser la más sagrada resulta ser la más ultrajada, y al final parecemos cristianos milenarios en las catacumbas de un culto perseguido: un esnifar, un inhalar, un inyectarse... Un ná, un persignarse. Escondidos y atemorizados de poder ser condenados a la arena de los leones. El Imperio, antes, ahora, no tiene clemencia con el disidente. Y ganan, como y desde siempre, los amantes del dinero negro, los amigos del cacheo, la seguridad y el control, los adalides de las viejas costumbres y el arrollador Baco: un vino sí, una raya no. Ilógico y pérfido. Terminamos siendo nuestro propio experimento, a la vez doctores y conejillos de Indias. Somos los criminales sin crimen, los callados por la cara. Con lo que nos gusta la tranquilidad, qué poquito molestaría si no se nos criminalizase, el engaño saldría mejor, el permeable sistema de castas funcionaría igual, pero sin tanto dolor e inopia.

"Hortaleza: porros y cerveza". Los lemas de nuestras pegatinas barrionalistas evidencian la impermeabilización a todo aquello que, a tiro de autobús y metro, nos queda tan alejado: los palacios y las casas magnas, sus raros moradores, sus extrañas significaciones. Nosotros, que llevamos quemaduras de chustas en los asientos del coche y en los bajos de las camisetas, nunca en trajes. Que olvidamos que llevamos un tripi en la cartera y un día nos da una alegría si no un susto. Que mitad y mitad nos dividimos entre los que votan siempre en blanco o a algún partido de la llamada izquierda y los que por incredulidad o por holgazanería no votan, o sea, una franja electoral despreciable, tantas veces defenestrada para contentar el posible voto útil de la mayoría. Solo leemos el periódico si lo tienen en el restaurante a la hora del menú. Somos los del menú a mediodía con el chorrillo de alcohol duro en el café. Somos los que molestan al vecino antes que los molestados por el ruido. Se nos llena la boca insultando a todo tipo de jerarquía, pero pocas veces tenemos claro el porqué. Por pura intuición, será, a los del maneje de hilos, o a los que creemos que son las manos tras las marionetas, les llamamos hijos de puta y sabemos que acertamos, aunque lo correcto fuese denominarles ladrones, asesinos y terroristas con causa y conocimiento. Pero a falta de pruebas está la intuición, y el "hijos de puta" lo engloba todo. ¡Así de simples! ¡De certeros! Y matamos de palabra y nos alegramos de algunos cadáveres según el color de la nuca del muerto, siempre catódico, que los nuestros duelen. Nos casamos, pero solo da para invitar a la familia y no se hacen alardes, que tampoco es acto para presumir. No tenemos casas, son de alquiler o son de las entidades bancarias; sin embargo, son lo único que podemos aspirar a poseer, el fin en sí mismo y ni nuestro es, la zanahoria de nuestro palo. Por eso simpatizamos con el movimiento de okupación, con k y no con c, pues aunque las reales academias no lo entiendan, conviene subrayar el cambio de una letra por la otra, ya que aplica al significado un grado de conciencia y actividad sociopolítica "alter-sistema", más allá del hecho básico y necesario de buscar un techo.

Me detengo un instante. Releo lo escrito. ¡Qué morro tengo, mi amor! Ya me dio por hablar en nombre de otros, por hacer bandera general del harapo propio y viceversa. Si además no sé nada de chistes, que en casa no hay televisión. Ni tengo anillo de plata ni arras. Ni okupo. Pero tanto da, ya puestos, sigamos...

No somos ajenos al signo de los tiempos, por eso en nuestro sentir habita un tanto de dolorosa conciencia global. La justa para saber del desequilibradísimo reparto de los bienes del mundo, de la partición genocida, del asesinato de la Pacha Mama. Conscientes de sabernos en la porción guapa del globo, donde el sudor aún se cotiza y los civiles dormimos a manos llenas y comemos a pierna suelta. La justa para corroernos de molesta conciencia por saber si nuestras zapatillas de deporte son fruto de la explotación infantil asiática o nuestro papel higiénico es el fin último de la implacable tala amazónica, presintiendo que el sol que se mece en la hamaca de nuestra piscina municipal es el mismo que desuela al desplazado y al refugiado. La gnosis suficiente para sacar la conclusión de que, en nuestro trozo de Occidente, siendo oriundo, cabe la posibilidad de sobrevivir bien, que no falta. Y cuando digo no falta quiero decir que si te descuidas te vuelves obeso, que implica exceso de alimento, mal alimento, que aquí crece la fruta fuera de temporada. Que hay para caer enfermo. Que es difícil pasar por analfabeto cuando la cultura es barata, casi gratuita, cuando es una oferta promocional en el quiosco de prensa que permite elegir por el mismo precio entre las obras completas de Pablo Neruda o unas fundas de asiento para el coche. ¡Y hay tantos coches!

Siendo serios te diría que son pocas las cosas que merece la pena consumir, y que tantas veces resultan ser las más sencillas, las que no cuestan dinero, las que no valen nada en los mercados bursátiles. Pero como el mundo se mueve por mercados bursátiles, lo nuestro, por ejemplo, no puntúa en esas dianas. ¡No cotiza este sentir! ¡Qué locura!¡Qué alivio!

Estos días ando hojeando un libro interesante, obra del escritor uruguayo Eduardo Galeano, *La escuela del mundo al revés*. El título lo dice todo, pero hay que leerlo para que te cuente, textualmente, *del mundo al revés, con la izquierda a la derecha, el ombligo en la espalda y la cabeza en los pies*. En una ocasión tuve oportunidad de ver en persona a dicho escritor, en una inmensa sala de uno de los tantos palacios de la ciudad. Vino vestido de sanador, atendió en aquel sillón de dentista enseñándonos sus dientes blancos, blanquísimos y petulantes, a los cientos de pacientes con el dolor de muelas infinito que supone el no entender los engranajes del mundo, el funcionamiento interno de la maquina, el porqué de los miserables. Caries de dudas y sarro de injusticias. Y allá el tipo habló y habló: sana, sana, culito de rana... Los cursillos rápidos es lo que tienen, pero siempre quedan los libros. Este en concreto si supiera resumírtelo en una estrofa lo haría, pero, en un gesto más modesto y cotidiano, más propio, voy a parar de escribir y te daré una caricia a través del vientre de tu madre. Un bamboleo picarón, que te cuente, hola, mi niña, ¿sabes? el mundo está del revés.

CAPÍTULO VII. 26 SEMANAS DE GESTACIÓN

31 Cm. 810 Gr.

Entra un sol pletórico por los ventanales abiertos de este quinto sin ascensor que se va asemejando a un nido. Suena un espiritual Nick Cave acompañado por su banda, The Bad Sedes, y los coros del London Community Gospel Choir. La música multiplica el efecto del sol, engalanando su chorro de luz. *The wind lifts me to my senses/ I rise up with the dew/ The snow turns to streams of light/ The purple heather grows anew/ I call you by your name/ I know not where you are/ But somehow, somewhere, sometime son/ Upon this wild abandoned star.* Tu madre tiene turno de mañana y yo cuido la casa. Ya compré el periódico y el pan. La felicidad debe ser algo parecido a esto: un domingo sin guerras en una casa con panes y periódicos, con sol a raudales y buen soul en los rieles de un lector digital. Falta tu madre con su tripa, pero es que no sobra la necesidad de trabajar. Los infiernos internos están apaciguados y se disfruta de esta linda nadería, de las ventanas abiertas y el aire tibio que por ellas corre.

Soy el hombre que barre detrás de las puertas, que limpia con distinto estropajo la cocina y el baño. Que besaría a su hembra con dulzura si ella no estuviese trabajando en domingo, pero que mientras tanto friega los platos y silba canciones. Soy el padre joven colmado de llenura y con una china de diez euros de hachís en el bolsillo. China comprada, que no trapicheada. Hace ya varios años que dejé de pulir costo y ahora, que sé que vienes, he dejado de pasar también speed. Ya no vendo, ya casi ni me pongo. Simplemente no quiero estar callejeando ni recibiendo en casa, además nunca fui bueno. No supe hacer pasta más allá de la ayuda puntual para aguantar el fin de mes y que el consumo personal me saliese a cuenta. Mover kilos es un trabajo de alto riesgo que nunca me tiró. *Percebeiro* tampoco sería. Por cierto, he dejado el consumo semanal de speed y no he sentido ningún tipo de síndrome de abstinencia, perceptible al menos. Quizás en alguna ocasión me brillen los colmillos, pero para eso están los homenajes.

Soy el feliz pajarillo que recoloca su nido en enardecidas idas y vueltas poniendo y quitando esto o aquello, pasando el polvo, fregando el suelo. La casa se ha llenado en estos meses de plumón, ramitas y buenas intenciones. Hay que tenerlas limpias. No está en mi esencia la plena limpieza higiénica, pero tampoco se trata de repetir errores, de abandonarse a la costra. Ya no vivo solo, ya no más soledad viciosa y deshilachada. Ya pasé por aquellos momentos donde nos despiojábamos unos a otros, revolcándonos entre garrapatas que nunca nos picaron. Ya sé de cucarachas.

Fueron vivencias en una casa anterior a esta, también en el barrio, en la calle Virgen Susana, algunas rulas antes de conocer a tu madre. Regresaba del Bar a casa borracho, puesto o aburrido, me ponía de cuclillas en el sofá del salón y observaba las cucarachas. Esquinado y encogido, con los ojos obstinadamente abiertos y el desvelo por pijama. Pasaba un buen rato mirándolas, quizá buscando algún tipo de significado a su numerosa presencia, a su propia existencia, que daba para crear miles de metáforas en aquellas horas de insomnes cavilaciones. Quizá fuese que simplemente estaba vencido.

Luego me iba a acostar. Por el pasillo del salón a la habitación procuraba no pisar ningún animalito negro, caminaba con cuidado, había los suficientes y, pese a que corrían a esconderse entre los recovecos de los rodapiés o bajo la vencida estantería de madera, no me hubiese costado mucho adelantar uno de mis pies y sentir sus tripas bajo la bota. Al final ni lo hacía, anteriormente sí. Había escuchado docenas de veces el leve crack al llevarme media cucaracha en la suela y dejar la otra media espachurrada en el baldosín del pasillo o donde le hubiese sorprendido el aplastamiento. Cristalitos negros y viscerillas, en eso quedaba el animal. Siempre sin barrer. Pero después de un tiempo ya ni me molestaba en abatirlas, llegó un momento en que pisaba de forma lenta y sonora, avisando de mi presencia. Y ellas huían tranquilas.

Tiempo atrás había mantenido una lucha, pero ni los insecticidas sin marca ni los que anunciaban en la televisión pudieron hacer frente a aquella comunidad persistente y organizada. Desaparecían por semanas, pero en cuanto bajaba la guardia regresaban. No se lo ponía fácil para abandonarme, mi casa era una autentica tentación. Un *bocato di cardinale* que gastaba poca lejía y repartía escobazos rancios. Una hermosa colección de botellas de litro vaciadas de cerveza. Migajas y mohos que conformaban pequeños bosques en las esquinas. Puntos de grasa y minúsculas motas de tomate y mayonesa pegoteadas en las baldosas, que no se iban, claro, con los débiles repasos que les daba con una bayeta muy, muy de vez en cuando. Mierda incrustada y lavada. Las cucarachas volvían. Primero pocas. Veloces, pequeñas y jóvenes. No sé si eran las primeras en salir por el ímpetu y la irresponsabilidad de su corta edad o por un imperativo jerárquico social, una táctica de instalación. Creo que las ratas hacen comer primero a la más vieja para saber si hay o no veneno en la comida.

Leí en una ocasión que a las cucarachas les encanta la cerveza. Lo confirmo. Añadiría que les gusta la ropa sucia y los calcetines. El calzado también, una vez sentí el inconfundible crack al ponerme la bota izquierda y la sensación fue tan aniquiladoramente desagradable que ni quise sacar el pie. También disfrutan con la televisión, el papel higiénico, la música... Estaban por todas partes. Hubo años, pequeñita, que no supe discernir la suciedad que yo mismo había de barrer de mi vida. Que fregoteé el suelo de la desesperación sin sacar nada en limpio, que me enceré en desesperanza, afanándome en abrillantar un revoltijo mugriento de amor y celos, poniendo lavadoras de autodestrucción y túnel sin fondo, coladas de orgullo pisoteado y bajísima autoestima, de soledad y miedo al fracaso, de miedo y miedo. Bajada la guardia en tantas ocasiones y a tantos niveles, las cucarachas se instalaban. Y lo triste es que nunca me han gustado las cucarachas, que me dan asco. Por otro lado, también he de reconocer que nunca hubo moscas en la casa.

Más tarde, cuando como quien no quiere la cosa estuve sacándome el máster en usuario de anfetamina, comencé a ver puñados de cucarachas por el rabillo del ojo. Lo curioso era que cuando volvía la cabeza no había nada en el suelo, por muy rápido que girase el cuello. Ráfagas de cucarachas que tan solo veía por el rabillo del ojo, en esa zona libre de aduanas realistas, en medio de un cruce de tics raros y cambios de humor.

Eso fue antes de tu madre, mucho antes de ti. Hoy, sin embargo, tenemos un sol hermoso y Nick Cave se está dejando los cuernos y el alma en la cadena musical. He acabado de ordenar y limpiar la casa. No habrá cucarachas. Cualquier día en la tierra puede ser un buen día.

CAPÍTULO VIII. 27 SEMANAS DE GESTACIÓN

34 Cm. 900 Gr.

Hoy estuvimos tu madre y yo comprando en un gran almacén llamado Ikea, a siete kilómetros del barrio, en el kilómetro 19 de la autopista A-1. Una nave inmensa donde se venden muebles y enseres del hogar. Material barato, calidad mínima pero eficiente, comodidad en el pago y unos diseños chulos. Una obra maestra en la obligación al consumo. Cuando entras no hay marcha atrás, tienes que seguir la ruta marcada hacia la salida por una flecha inmensa verde pintada en el suelo, y el camino resulta ser un inevitable safari completo de menaje del hogar. Hay que llevar la cartera cargada para capturar las piezas, muy apetecibles todas, separadas por familias. Primero la sección de salas de estar: una docena de ellas montadas para que las sientas, las pruebes y las toques, para que las traslades con poquísima imaginación a un supuesto hogar donde cupiese todo. Después la sección de baños perfectos, después la de las cocinas bien maqueadas, etc. De ensueño las habitaciones para niños, aunque el material no aguante los envites de un niño. A veces, se quiera o no, la cartera se dispara sola, accidente de caza; otras es el malintencionado despecho por no haber podido capturar una pieza grande, un sofá de cuatro cuerpos, una estantería con espejo. Sea como sea, la gente que no quiere llevarse nada se lleva un cascanueces rosa, un escurreplatos fucsia de acabados curvilíneos, unas velas de colores y unas de olores, material de cocina de uso indescifrable, que nadie sabe cómo se llama ni para qué sirve, unas lamparitas muy chic, naranjas y verdes, un juego de cuchillos de carne, media docena de copas con forma de flor, una cubitera que moldea los hielos con forma de gnomo. Algo.

En la entrada, donde se recoge la hoja de pedidos para apuntar las referencias de lo que quieres llevarte, existe una amplia zona donde dejar a los críos mientras los padres hacen su compra tranquilos. El recreo ideal para un jardín de infancia. Me dio la impresión de que era un servicio gratuito para el cliente. Con cuidadores humanos y un zueco gigante, blanco y rojo, del mismo tamaño que la tortuga verde de boca abierta y esófago de tobogán. También hay una piscina de bolas blanditas donde bucear, amarillas, naranjas, azules, verdes y rojas, y unas escaleras para llegar a unas colchonetas blandas donde brincar. Y un montón de niños sin zapatos, de todos los colores y varias edades. Como queda muy cerca del barrio, he pensado en traerte algunas tardes de desangelado frío madrileño, así jugarás en un parque calentito mientras yo espero haciendo que compro y leyendo por ahí.

Cuando terminábamos el safari, poco antes de llegar a la caja registradora con la referencia bien apuntada de lo que nos queríamos llevar, en una esquina de la sección de alfombras, dos chicos vestidos de mercaderes de Oriente ofrecían té con galletitas y hacían tatuajes de gena, un material barroso que con el agua se va de la piel a los pocos días. Su misión era camelar al público, comentar algunos precios interesantes de aquel mercado de alfombras. No parecían tener mucho éxito aquellos encantadores sin serpiente pero con tatuajes de gena, de todas formas paramos para que a tu madre le hiciesen unos lindos dibujos en las manos. Manchitas que a medida que disfrazaron sus dedos me evocaron aquel viaje juntos a Marruecos, aunque allí en verdad no nos hicimos tatuajes de gena, pero estaba lo demás: los mercaderes, las alfombras, el té y el buen hacer de tu madre, su habitual desparpajo social. Eso me recuerda, ahora cuando escribo y no en aquel momento en el Ikea, que ella no le tiene miedo a la gente, que ahí hay una valiosa herencia, que no tenerle miedo a la gente es no tenerle miedo a la vida. En fin, que los chavales no se molestaron en intentar vendernos nada. Nos caímos simpáticos, tranquilamente nos tomamos el té y charlamos un rato mientras ella se tatuaba caricias, moteándose los dedos y las palmas de esas manos que tantas veces se apoyan henchidas de ternura sobre ti, consciente e inconscientemente.

De pronto, en aquel paréntesis de llana humanidad, el Ikea se volatilizó, desparecieron las secciones, los pasillos, las cajas registradoras, el almacén, las dos cafeterías anexas y el parque de juegos infantiles. Todo. Quedamos tu madre, los mercaderes, las alfombras, el té y la gena. Viéndonos en aquel callejón pintoresco de Túnez, mercadillo de Marraquech, esquina de El Cairo, confirmamos rápido que nos faltaba un porro para estar bien a gusto. Sabíamos que era imposible, pero la frase era norma de cortesía y salvoconducto de complicidad. Nos presentamos: uno de ellos era de Santiago de Compostela y había venido a buscarse la vida a Madrid. Hablamos de bares conocidos comunes en la ciudad gallega y nos contó, con sorna de agua pasada, que al llegar meses atrás a la capital se había sentido un poco como Paco Martínez Soria, un actor muy antiguo que se especializó en papeles cómicos de personajes de pueblo que se azoraban patosamente en la gran ciudad. El otro mercader era silencioso, pero dibujaba bien. Por cortesía o por natural interés nos preguntaron por ti, pues la panza que formas invita inevitablemente a preguntar por el estado del morador y de la morada. Les contamos que ya tienes unas veintisiete semanas, más de seis meses, lo que significa que si nacieses de forma prematura incluso podrías sobrevivir, aunque las posibilidades serían mínimas, porque apenas medirías treinta y cinco centímetros, pesarías casi un kilo y tus pulmones, aun alcanzado ya un estadio de desarrollo importante, no estarían totalmente listos para funcionar, que eso llegará al final del octavo mes. Les dijimos, chiquituja, que estás que respiras sola pero aún has de continuar formándote, dándote zambullidas de cabeza desde la costilla flotante de tu madre, haciendo pulmones.

"¡Anda que si nace ahora!", comentó el mercader silencioso... Y nos reímos sanamente los cuatro a la vez, sabiendo de facto que aquello hubiese parecido un belén viviente, y la gente habría pensado que se había adelantado la campaña de Navidad y pedirían a los dependientes arbolitos de plástico, sacacorchos con mango de Papá Noel o incluso nacimientos como el que acababan de presenciar, con sus diosecillos pequeñitos optimizando el espacio y redecorando la vida.

Compramos un armario de dos cuerpos para todas tus futuras cosas, una alfombra de baño de pelo negro y un cambiador de bebé inflable, el armarito de baño no porque no les quedaba. Nos hicieron un 15% de descuento gracias a que el hijo de una compañera del curro de tu madre trabaja allí y lo pasó por su cuenta personal. Después Dani, el brioso torillo de 19 años, nos echó una mano a cargar las piezas desmontadas del armario en el coche. Nos ayudó también un colega de Dani, de la misma edad y complexión, ambos vivían en un piso de alquiler con otros amigos: dos trabajaban en Ikea, otro en Alcampo y otro en Leroy Merlín. Aquello no podía ser una simple coincidencia, sus razones había de haber, las tentadoras metáforas afloraron, pero no me dio tiempo a darle a la poesía, la cabeza se me fue pensando en lo muchísimo que pesaban las cajas de cartón con las diferentes piezas del armario. Tendría que ir al Bar a buscar a alguien para que me ayudase a subirlas los cinco pisos sin ascensor.

36 Cm. 1.050 Gr.

2 8 w 2 d. Las letras son las iniciales de las palabras en inglés *weeks* y *days,* lo que indica que tienes veintiocho semanas y dos días según los cálculos hechos por los médicos a partir de la fecha de la última regla de tu madre. Casi siete meses. Yo también he calculado el tiempo transcurrido de gestación y, aunque no coincide plenamente con el suyo, para hacerse una idea aproximada valdría igual, la diferencia es de pocos días. En general utilizamos de referencia su medida, 28 w 2 d, pues en base a ella nos han marcado en un calendario de cuarenta semanas las sucesivas visitas al tocólogo, las fechas de los análisis de sangre, la realización de las ecografías y el cursillo con la matrona.

Esta mañana, en el centro de salud del barrio asignado para tu seguimiento, la tocóloga se ha tirado el rollo y nos ha dejado verte por la pequeña pantalla en blanco y negro, que emitió imágenes en directo de tus quehaceres en el útero. La misión de esa doctora es interpretar los datos que llegan de los análisis y las ecografías. Las ecografías las hace un ATS unas salitas más allá, y allá han sido las tres oportunidades de verte que he tenido. La tocóloga no hace ecografías y su parcela de acción no contempla permitir al paciente ver al feto cuando se le hace una inspección, recorriendo la barriga untada de crema blanca y fría con una especie de lápiz electrónico que al tacto con la piel emite señales que se transforman en imágenes y sonidos. De todas formas, la tocóloga giró la pantalla para que te pudiésemos ver. No sé qué la convenció, el gesto primerizo o nuestro nerviosismo sincero, o el ansia educada, pero sin disimulo de que querer volver a verte. Son tan pocas las ecografías en un embarazo. Mientras te mostraba nos ha dicho que no le preguntásemos nada sobre ti, entendimos que sería por cosas de la formalidad burocrática, aunque finalmente nos lo ha contado todo. En varias ocasiones citó mi palabra favorita últimamente en todo lo relacionado con el embarazo: normal. Normal tu corazón, tu cabeza y tu barriga, normales tus fémures.

Ya no cabes entera de un vistazo en la pantalla, como en la primera ecografía, donde apenas eras un garbancito, y la segunda, donde no eras más grande que un judión tras una noche en remojo, y la tercera que fue la época que mediste lo que un huevo frito. Ahora tuvimos que ir por partes. Disfruté de tu corazón a toda ostia, del blanco huesecillo, alita de codorniz, que conforma cada uno de tus fémures, sin embargo, cuando paseó el lápiz metálico por la barriga de tu madre a la altura de tu cabeza, no supe reconocerte en las formas extrañas creadas por las líneas grisáceas y las manchas blanquinegras de la pantalla. Me decía la tocóloga: "Mira su ojo, mira su nariz", pero yo no sabía reconocerlos. De manera inmediata solo te reconocí el corazón, palpitante y membranoso.

Para mí aún no tienes nombre, mi niña, aún no tienes cara, sin embargo, te he visto el corazón. Creo que nunca más en la vida he de verte el corazón, la oportunidad se goza, la visión no se olvida. Por los pequeños altavoces anexos a la pantalla sonaba a ritmo de locomotora el corazón de tu madre, dj residente en tu after-hours, nana segura. Tu madre tiene ahora mismo dos corazones, lo he visto y lo he oído. La idea produce vértigo. Un corazón dentro de otro corazón, como un juego de muñequitas rusas donde yo también participo: ambos corazones estáis dentro del mío.

CAPÍTULO X. 29 SEMANAS DE GESTACIÓN

38 Cm. 1200 Gr.

Os habéis ido con la abuela a pasar unos días a un pueblo del Mediterráneo. Me he quedado solo en la ciudad, trabajando. Me he pasado las jornadas en el tajo, comiendo de menú, y las tardes en el Bar, en silencio, disfrutando de la solemnidad de no decir nada. Lo demás fue dormir y conducir perdiendo la paciencia en los atascos. Me he aburrido. Estos días he sido el currante anónimo que no habló con nadie, el oficinista a media paga cuyo resto de vida es ser un rodríguez.

Soy un oficinista, mi amor, no te había dicho nada antes. En nuestra sociedad, se conoce el nombre de una persona precedido por el nombre de la profesión o del grado de estudios alcanzado. Supongo que para que los demás se hagan una idea de lo que eres y lo que piensas, o de cómo has de portarte, que a todo se le pone etiqueta. No sé qué se ha de presuponer de un tipo sin profesión ni estudios que respeta sus horarios y atiende con mimo y eficiencia el ordenador y la centralita de teléfonos, que cumple bien su misión, que produce lo esperado. Imagino que, si la prioridad en la presentación no fuese el oficio, sino el estado emocional, si cambiásemos el ser por el estar, cambiarían las ideas que a priori se establecen sobre la persona. Probemos de nuevo: hola, mi amor, estoy enamorado y voy a ser tu padre, estoy nervioso y me gustaría que todo saliese bien. De igual manera todo sería distinto si la gente se presentase introduciendo, antes del propio nombre, el sueño de lo que le llenaría hacer, o de cómo le gustaría estar, o lo que quisiera ser. Veamos: buenas, mi niña, me gustaría escribir poco y cobrar muy bien por ello... Quizás el truco esté en mezclarlo todo: soy un auxiliar de administrativo que le escribe un relato a su hija aún no nacida y quiere que todo el mundo lo compre. Otra más: hola, mi vida, soy un humano que... ¡No! Demasiado vulgar.

El aburrimiento es menos cruento cuando los deberes están hechos y las cuentas saldadas. Pagados están el alquiler del piso, la línea de teléfono, la gasolina del coche, las facturas de la luz y el agua, la tarjeta del móvil. Me quedan menos euros de los necesarios para acabar un mes que apenas bordea por arriba su primera quincena, pero llegaré, sobra parabrisas para tan poca legaña, aun sin trapichear. Rumio con parsimonia el menú del día: de primero pimientos rellenos de arroz y carne, de segundo albóndigas en salsa con patatas fritas y una miaja de ensalada. Pan, vino y gaseosa para acompañar, café solo de postre.

Dejo al azar incomprensible de la precisión biológica la decisión de cuándo y qué desayuno y ceno, pero la comida de mediodía, la más fuerte, la marca el horario de oficina y el listado de platos a escoger de primero y de segundo. Telediario y menú, sí o sí. Primero lentejas, con chorizo, patatas, zanahoria, careta de cerdo y una hoja de laurel; después churrasco, dos trozos que por sí solos justifican toda una comida. Intento no dejar, pero dejo; me como la carne más roja y aparto el tocino requemado que, junto a los restos de lechuga, van a la basura. De postre tarta de limón, un poco reseca, y después un café solo, que se paga aparte del menú por haber pedido la porción de tarta.

El informativo de la televisión anuncia lo mismo de todos los días: inundaciones o incendios, terremotos o huracanes, bajas colaterales y atentados terroristas en lo que se refiere al mundo. Es el informe global e interesado que la muerte emite a diario sobre sus nuevos huéspedes, si la catástrofe es en el hemisferio sur los daños son cuantiosos en vidas humanas y son fruto de los desaires de la naturaleza y la pobre previsión del ser humano. Si el desastre es en el hemisferio norte los daños cuantiosos son mayoritariamente materiales, pues por lo visto aquí la naturaleza se deja torear. Los abusos del hombre sobre el hombre, guerras, genocidios, hambrunas, racismo, expolios y explotaciones, se maquillan de manera interesada o se callan. Occidente no muestra a cámara la miseria que genera la base de su supuesto esplendor. Estadísticas, burocracia y muerte, vaya con las noticias. Nunca pasa nada bueno propiamente dicho. Reducir al absurdo debe de ser algo parecido a esto. Cuando son de ámbito estatal, las noticias se gastan entre patria esto, patria lo otro, especulación aquí y allá y flexibilidad laboral a petición del sistema mismo, nada menos. De postre fútbol, cuya información, a imitación de la arena política, solo se ocupa de dos equipos, los que tienen más dinero. A veces tengo la severa impresión de que entre plato y noticia, bocado y catástrofe, nos ha de dar a todos los comensales en el restaurante un repentino ataque de náusea como el que le dio a Antoine Roquentin a las cinco y media de la tarde en un café de una novela de Jean-Paul Sartre. Si nos diese a todos a la vez un ataque de semejantes características, bien podría José Saramago convertirnos en los protagonistas de un libro, el Ensayo sobre la náusea. El hecho de esta náusea colectiva no me sorprendería en absoluto, y además leería con gusto el libro de José.

Pionono de primero y asadura de cordero con patatas guisadas de segundo, café solo con hielo y un chupito de güisqui para finalizar. A la tarde se pasó Alfonso por casa, le conté que ya no vendía speed, me preguntó si es que estaba siendo bueno porque tú llegabas, le dije que sí, que ahora mismo carecía de sentido para mí aprender a calentar biberones mientras recorto una bolsa de plástico para hacer los gramos previa y escrupulosamente pesados en la báscula electrónica, o fragmento una roca de opio, seca, negra y brillante como la coraza azabache de un escarabajo, o separo de uno en uno los tripis troquelados de la ristra. Me despedí de Alfonso, probablemente le veré poco a partir de ahora, no tiene sentido que me venga a visitar si no vendo.

Con la soledad afloran los miedos. Que estoy embarazado es un hecho, fui a por ello, pero de la preparación y madurez que me exijo para ese hecho emana una inquietante cascada de dudas. Las tengo globales, profundas, demagógicas. ¿Sabré quererte? ¿Sabré cuidarte? ¿Me querrás? ¿Estarás sana? ¿Saldrás sana? Las tengo nimias y cotidianas. ¿A cómo estarán los pañales? ¿Cómo se ponían? ¿Andamos bien de bodis? ¿Y de pijamas? ¿Cuántas horas dormirás de seguido por la noche? ¿Será duro ese insomnio? Me dé la respuesta que me dé, hago nudos marineros con los dedos para que todo salga bien. La primera preocupación, si es que tiene algún sentido ponerles orden, es que nazcas bien. La preocupación última es el abismo, conocí una vez su sonido y yo no lo quisiera reproducir. Se lo escuché a Albertucho cuando se le murió el bebé, el hijo anterior al que tiene ahora. Fue sin más ni más, una fiebre repentina, unos granitos pustulosos y un servicio de urgencias que certificó que nada se podía hacer. En el entierro del bebé, al que Trini, la madre, no pudo asistir por falta de aliento, Albertucho aulló como nunca antes había escuchado ni he vuelto a escuchar. Cuando introducían la pequeña caja de madera en la tierra, Albertucho se derrumbó, cayó desplomado entre los brazos amigos y gimió como un lobo triste. Fue un aullido profundo y animal, un grito desgarrador que nos hizo llorar a todos de pena e impotencia, que nos hizo dudar del mismísimo hecho de la paternidad, porque estas cosas pasan y ese riesgo hay que asumirlo. Ni pensar en ello debería, pero ya ves, lo pienso y lo escribo, sin engaños. Con la soledad afloran los fantasmas.

Sin ti y tu madre me aburro. Sin droga me aburro y no me voy a drogar. Me aburro de escribir y de que me guste escribir. Me aburro de mí, la culpa es de esta ansia que a ratos me corroe. Me comería unas bombitas de mdma hasta que la realidad se fragmentase en chiribitas; piel de gallina en el tacto machacando lo duro, la raíz del aburrimiento. Pero de primero paella valenciana de marisco y carne, de segundo trucha al horno con ensalada, todo acompañado de pan, vino y gaseosa, de postre pudín de chocolate y un café doble solo con hielo para seguir despierto lo que queda de jornada. Ni al Camarón quiero escuchar, de tanto oír la misma cinta le he dejado sin sangre al hombre. Carcasa vacía, piel vieja de serpiente sin serpiente, seca, jonda e inútil. Le chupé las patas y la cabeza, le comí toda sustancia. Volveré a él, de momento no. Es el ansia.

En el bar restaurante, frente a un menú que abrí con entremeses de tolerancia cero, continué con empanada de discriminación positiva en salsa de reglas de juego y finalicé con sorbete de jueces estrella en estricto marco constitucional. El comensal de la mesa contigua me contó que en una ocasión había sido cicerone en el pueblo de Torrelaguna, una añeja localidad de la serranía madrileña. Cicerone significa guía, nunca antes había usado esa palabra y me gustó: el sonido de las dos letras c tiene un algo donjuanesco. Me contó que lo dejó porque se hartó de enseñar la no cultura: "Eso fue especulación inmobiliaria, no cultura", y arremetió con palabras de grueso calibre contra el cardenal Cisneros, el tipo que se lleva la gloria histórica de tan magna y pétrea localidad. Solo por intuición yo ya le hubiese dado la razón, Cisneros debió de ser un hijo puta, pero es que además, con la magnífica exposición hilvanada con datos precisos, el antiguo cicerone resultaba irrebatible. Por la noche cené en casa de Esteban, un amigo que deja Madrid y se va a vivir a África. Se auto-jubila con cuarenta y dos años, vende la pequeña imprenta y pone su piso en alquiler, se va a construir una casa en una playa de Kenia, donde por lo visto el cielo es de color azul verdadero, dedicándose simplemente a vivir, sin más obligación, con toda la responsabilidad. Además, se lleva un contenedor con todos sus libros y discos, tantos son. Estuvimos bebiendo güisqui y escuchando a María Callas. Esteban me explicó lo que es un aria. También escuchamos unas cancioncillas de Wagner, interpretadas por una soprano o mezzosoprano, música celestial y envolvente. Hablamos un poco de literatura y salió a relucir Goethe, que resulta que no se pronuncia Goede sino Gode. Nunca había pronunciado delante de nadie el nombre de tan ilustre caballero, ahora será difícil acostumbrarse a la nueva fonética, que me suena peor. Echaré de menos a Esteban.

Por fin regresas mañana. Comenzará entonces tu trigésima semana de vida en el útero, en tus movimientos respiratorios apenas quedará desorden y tus ojos se abrirán por completo, iluminando el interior materno donde se posen. Te acercas a los ocho meses, bebita, el estómago y el intestino ya te funcionan desde hace poco, los riñones los tienes casi acabados, aunque no estarán del todo preparados hasta después del parto. El tacto fue el primer sentido que se te desarrolló, pero ahora ya están despiertos el resto de ellos. El oído definitivo ya está en su sitio desde el final del sexto mes, es evidente: reaccionas mediante movimientos a los distintos ruidos exteriores. Tu madre lo nota, te agitas o calmas según la música que estemos escuchando, te sobresaltan los portazos, y al parecer reconoces primitivamente mi voz y la de ella, que naturalmente te llegan deformadas, pero que pareces distinguir en ese medio ya de por sí tan sonoro en que te bañas. Ya te chupas el pulgar, un gesto reflejo que probablemente mantendrás después de nacer. A mí se me cae la baba, gesto que deduzco también debe de ser reflejo.

CAPÍTULO XI. 30 SEMANAS DE GESTACIÓN

40 Cm. 1350 Gr.

Hace semanas no te conté cómo conseguí subir finalmente el armario comprado en Ikea desde el coche hasta casa. La anécdota no tendría mayor importancia si no me sirviese para introducir a una persona de la que quiero hablarte, mi amigo E. Aquel día entré en el Bar y, después de recorrer con la mirada la docena larga de caras entrañablemente conocidas, me dirigí directamente a E, alabando en voz alta la suerte de haberle encontrado y endosándole aquello de que tenía que ayudarme a subir un armario por piezas del coche a casa. "¡Es un quinto sin ascensor!", protestó, cagándose en mis muelas y resoplando antes de tiempo, pero sabía que no podía decir que no. Amistad obliga. Me convenció para que nos llevásemos a otro cargador de entre los parroquianos. Lié al que tuve más cerca, a Benito, que quiso escaquearse diciendo que llevaba el traje y la corbata del trabajo, pero le rebatí diciéndole algo que él ya sabía, que las cajas de cartón donde venía desmontado el armario no manchaban. De todas formas, también Benito sabía que no podía decir no, que era obligación de amistad. E aún quiso esquivar la carga en el último instante diciendo que acababa de recibir un llama-cuelga de Juanito, cosa que era cierta, y eso quería decir que ya tenía la mandanga en casa y que tenía que irse a cortar. Le dije que por supuesto, pero que primero el armario de la niña, que Juanito esperaría con su mandanga y su pesa electrónica. Y en media hora, tres resoplidos y dos obligados descansos en los descansillos para tomar resuello, lo subimos a casa. Aquel día no hubo tiempo para que luego E y yo nos tomásemos diez cervezas juntos. Sin embargo, ayer a la tarde sí tuvimos unas pocas horas en el Bar para hacernos, como en los viejos tiempos, impenetrable burbuja.

E es mi amigo desde los catorce años. Es uno de los dedos de la mano. De muy dentro. Últimamente nos vemos poco, solo cuando coincidimos en el Bar. A veces pasan semanas sin vernos. E ha sido padre hace un año y le toca el crío cada dos fines de semana. U, el hijo de E. Suena bien. A él le suena muy bien y se le llena la boca. Él tampoco ha salido nunca del barrio. Vivió unos meses, hace años, en un ático de la calle Virgen Susana (donde coincidimos, aunque no salió bien), pero pasado el periodo de efímera independencia volvió a casa de su madre, que ahora ya es abuela, también en Virgen Susana. Así que sigue viviendo en casa de la vieja. Se gana la vida recogiendo vasos los fines de semana en una discoteca de moda y vendiendo speed a alguno de los frenéticos bailarines que frecuentan el local. Mal no se le debe dar, pues me contó que en unas semanas se va a vivir con Lolín y Amparo a un piso de la calle La Flecha, casualmente en el mismo edificio donde yo me crié con mis padres. Hablamos E y yo de lo cerca que aún vivimos después de tantos años y de cómo nuestros hijos, U y tú, os criaréis vecinos. Pensamos que lo mejor sería quedar con asiduidad a partir de ahora, para que seáis amigos y paséis juntos el tiempo necesario. "Serán como hermanos", sentenció. Le creí. Lo celebramos y lo brindamos, porque en ese ahora fuisteis hermanos, porque él y yo ya éramos hermanos. Hicimos planes de futuro, algo que no he hecho habitualmente durante el embarazo, pero, al tratarse de E y U, la imaginación se permitió el exceso. Después me contó con quién sale últimamente en esas noches suyas del Madrid insomne. Me dijo que están hechos los auténticos cuatro jinetes del Apocalipsis, los aberrados: Lopetegui, Lolín, E e Iker. Que se están poniendo muchísimo. Que hablan entre ellos de tirar de freno, pero que claro, tampoco hay mucho mejor que hacer que atiborrarse a exquisitas cápsulas de mdma en sucesivas y eficientes bombitas en esas madrugadas que duran de jueves a lunes. Me confesó E que siguen compitiendo como de chavales: a ver quién tumba a quién. "Es una competición de altos vuelos", presumió, "somos pesos pesados del mambo". Es cierto, son osos que marcan su territorio arañando los árboles del trasnoche y meando en las equinas del insomnio para agrandar sus confines tóxicos, un lance que debe de durar ya diecisiete años, más de ochocientos fines de semana en una pelea reservada a los más veteranos y experimentados inmortales. Cuando E lo contó se me puso un brillo cabrón en los ojos, que se achinaron. Me crecieron los colmillos, le aullé a la luna y me dije: "Un día de estos". De seguido me comentó que a U le están saliendo ya los dientes y que por eso se le irrita el culo, que hay que tener mucho cuidado. Y me enseñó un método para que cuando te limpiase el culo me manchase lo menos posible con tus heces. Aunque, como dijo él, daba igual: "Es la mierda de tu hijo, sabes lo que es, verdura, carne, frutas y yogur". El único problema es que la caca del bebé llega un momento en que empieza a oler mal. Al principio la mierda de U no olía. O a E no le olía. Enlazando con todo lo anterior, esto es, el culo de su hijo, E me recomendó que no usara pañales de la marca Haggis, sino Dodot, modelo Etapas, que se adaptan mucho mejor al frágil cuerpecito del infante, que no dejan marca. Me confesó que últimamente en la discoteca donde trabaja le han entrado por speed unos tipos que él no conocía, que por supuesto les contestó que no sabía de qué le hablaban pero que el detalle no le había gustado nada. Le dije que tuviese cuidado, que los antros modernos son un buen y engañoso cobijo para las actividades de la policía secreta, me respondió que solo vendía a los de siempre, que son pocos y fijos, de cinco en cinco gramos como tope. Luego me dijo, o se dijo a si mismo en voz alta, que un día de estos buscaría un trabajo con horario de lunes a jueves. Después, inevitablemente, acabamos rememorando gestas del pasado. Me recordó por ejemplo que la vez anterior que me había echado una mano a cargar fue con el mueble escritorio que tuve que bajarme de casa cuando nos separamos tu madre y yo aquella temporada. También me había ayudado en otras mudanzas anteriores, en concreto las del ático y el piso de Virgen Susana. Le recordé que aún tiene una lavadora nueva que me regaló mi madre, tu abuela, en el sótano de la casa de su madre, la abuela de U, y me dijo que se la llevaría a su nuevo piso, que por cierto tenía que ayudarle a cargarla. Nos tronchamos acordándonos de cuando pusimos las losetas de suelo de tarima en el piso de Virgen Susana, con todos aquellos botes de pegamento de la marca Novoprem, que es el que vale para ponerse. Cerramos bien puertas y ventanas para que los vapores del pegamento no se fueran, y casi nos desmayamos de risas allí dentro.

Quién nos iba a decir que veinte años después de conocernos seguiríamos viviendo en el mismo kilómetro cuadrado, regando impenitentemente en cerveza las raíces de nuestra amistad, tan poco mimada pero tan sólida, y haciendo planes para criar a nuestros hijos juntos. Qué nos iba a decir que nos crecerían alitas. E es como Hortaleza. E es Hortaleza. Me siento orgulloso de mi amistad con E y quiero a mi sobrino U, al que he visto apenas tres veces y del que te contaré la primera vez que le vi. Fue el mismo día que nació, a través de los cristales de la incubadora. Entré en el hospital borracho como piojo (pues me pilló el nacimiento acabando una juerga), gritando por los pasillos: "¡Ha nacido mi sobrino! ¡Ha nacido mi sobrino!", alborotando salas y enfermeras hasta que vi a U. E me dijo que él haría lo mismo contigo, y quiso saber desde ya en qué hospital y en qué habitación concreta has de nacer, para poder entrar puesto hasta las trancas gritando "¡Ha nacido mi sobrina! ¡Ha nacido mi sobrina!".

Ya ves, mi amor, por aquí se te espera. Tarde era cuando convencimos al Cigala de que nos sirviese otra. "La última", dijo, "tengo que cerrar".

CAPÍTULO XII. DE 31 A 36 SEMANAS DE GESTACIÓN

De 41 A 47 Cm. De 1400 A 2850 Gr.

A yer en el Bar se celebró una fiesta bautizada como Paletilla Sound System. Consistió en que alguien abrió un jamón serrano y el resto bailamos. Llegué un poco tarde, al hueso. ¡Qué velocidad de jamada! ¡Qué buen ambiente! Algunos venían de un cursillo de masajes con las pilas muy puestas y las manos aún calientes. Estaban Fredi, Isma, Ana Mezz, Lara, Valentín, Amalia, Marian, Cigala, Zeque, J, el Charco en la barra, Lola, Mini, Mafalda, Popo, el Cerra, A, Bea, Olga, Ampa, Sarita, Iker y algunos otros. Aprovechando la concurrencia hice un sondeo sobre la aceptación de participación de cada uno de ellos en este relato. Básicamente nadie me puso problemas por ser mentado en el texto con su nombre real, siempre y cuando tan solo hiciera de bulto, figurante o extra; siempre y cuando supiese guardar intimidades, secretos, chismorreos y batallas. Les prometí, por el nombre que aún no tienes, que jamás de los jamases, que sé qué recovecos y sombras no se han de hacer públicos, que no se trata de escandalizar o cotillear, solo de contarte a grandes rasgos lo que pasa por aquí fuera, en tu más cercana inmediatez, para que sepas quiénes son los miembros del coro al que pertenece el murmullo de voces que tantas veces te habla desde el otro lado de la barriga.

Acurrucados por los zapateos, los "dale, dale" y el griterío de la fiesta, decidimos entre todos que en el texto puedo dejar los nombres propios y los apodos tal cual, como nos nombramos en la vida real, pero si la persona aludida estuviese trapicheando algo, entonces tan solo he de poner la inicial del nombre entre comillas, incluso mejor si falseo la inicial. Todos estuvimos de acuerdo en mantener la denominación del espacio geográfico con su nomenclatura auténtica, pues sonaría demasiado forzado ponerle a Madrid y a Hortaleza otros nombres que no sean esos, Madrid y Hortaleza. Los nombres de las calles nunca han de aparecer tal cual vienen en el callejero, y hasta se me aconsejó falsear los números exactos de las localizaciones descritas en esas calles disfrazadas con otro nombre. Y por supuesto, el nombre del bar no puede ir. Hubo tres personas que me pidieron expresamente que no querían aparecer en el texto ni de pasada. Así que, unas horas después de la conversación, me puse seriamente en casa a limar las posibles asperezas. Finalmente tuve que cortar casi un tercio de lo escrito, una auténtica lástima para la literatura de la calle Ganzúa pero, la verdad, el dolor fue confortado por el hecho mismo de saber callar. Amistad obliga, a la mierda la literatura.

En la fiesta también estuve hablando un buen rato a solas con Valentín, un amigo de Lara que ha venido ocasionalmente al Bar y al que apenas conozco. Un joven mexicano que se busca la vida y persigue los papeles que le han de transformar en habitante legal, ciudadano de primera. A día de hoy es un ser humano ilegalizado por vivir en el lugar que mejor le viene del globo terráqueo y, mientras sueña con obtener los permisos de estancia, ha pillado un trabajo donde cobra en dinero negro, que en nada ayuda a conseguir los tramposos requisitos burocráticos, pero apacigua el buche y pone pajitas en el nido. Valentín ha de fingir que es amigo de un señor que se dio una ostia tremenda en la cabeza y le ha quedado como secuela una irremediable amnesia. La familia le paga 300 euros al mes por hacer de amigo del señor unas cuantas horas a la semana. Los días que le toca, Valentín se encuentra con el señor y le recuerda que ya eran amigos, que sabe lo de su amnesia pero que no le molesta, que es su amigo y se hace cargo. Y se lo lleva al cine y después a tomar un café, como un camarada bueno, fiel y piadoso. Semana tras semana se repite la escena y cuela.

También me explicó Valentín que para sobrevivir en esta ciudad ha de hacerse invisible: ser nadie, no cantearse, que no le pare nunca la policía. "Es la condición del clandestino", me dijo, y le contesté que tuviese cuidado, que a él le ha tocado ser amigo, el amigo nadie, que ha caído con oriunda gente de barrio y, tal y como dijo una vez un policía nacional mientras me tenía espatarrado encima del capó del coche patrulla, "¡Si es que sois individuos *parables!*".

"Según eso vosotros también sois clandestinos", me espetó. "Claro", le contesté, "y según eso tú eres un clandestino al cuadrado" y ambos nos reímos con ganas, sabiendo lo que la risa ocultaba. Después Valentín me contó que su hermana se vuelve a México, que está harta de la casa donde sirve. De todas formas, no las lleva todas consigo, parece ser que Amalia vivió allá historias muy, muy fuertes.

Alguien le había prestado textos míos a Valentín. Le habían gustado mucho. Creo que Valentín es apasionado con sus gozos, pues me estuvo admirando un rato, el tímido chico mexicano se soltó, ayudado por la cerveza y el jamón serrano, y me cubrió de piropos, me llamó puñal, *pinche*, puto y corazón, palabras que sonaron muy bien en su mexicano materno. Después mentó a los escritores Charles Bukowski y John Fante y los relacionó de no sé qué *pinche* manera conmigo, me vi bautizado como Babitas Bandini Chinaski. Le objeté que por ahí no se molestase, que de esa clase de comparaciones las justas, que ni siquiera he leído a Borges, que me consuelo diciéndome que ciertos placeres me los guardo para cierta madurez. Le confesé que en el Bar nadie me daría coba, al menos no a ese nivel. Que si aquí uno es aficionado a la escalada, yo junto palabras; si otro repuja cuero, yo junto palabras; si no sé quién cultiva marihuana en su baño, yo hago canciones. Pero no nos abrillantamos por ello. No da. Solo calor cotidiano, sin francachela histórica.

Finalmente pasó tu madre a tomarse una "sin" y recogerme. Valentín nos despidió con la cabeza asomando por la puerta del bar, deseándonos la mejor de las suertes y la mejor de las hijas. Por detrás de su cabeza sobresalían las curvas de sus alitas.

Hoy estuve en el bar: los tres de siempre, asomé la cabeza y me volví a casa.

Hoy estuve en el bar: los cuatro de siempre, asomé la cabeza y me volví a casa.

Hoy estuve en el bar: los tres de siempre, me tomé un tercio rápido y me volví a casa.

Hoy estuve toda la tarde en el bar, las chicas venían de hacer el cursillo de danza del vientre y estuvieron palmoteando un rato. Lara, que desde hace poco ejerce de abogada, me contó lo jodida e inteligente que veía la represión social desde su nuevo estatus, después me habló de la medicina occidental versus las otras medicinas, y que, aunque tuviese que remover Bombay con Pekín, a ella no le ponían una prótesis en la cadera a los treinta años. A Lara un coche a toda ostia le fragmentó la cadera. Consultados los médicos al uso, me contó que se negaba de momento al recorta y pega de huesos metalúrgicamente exacto, y que andaba buscando entre la fisioterapia, la acupuntura y unos prismas de no sé qué. Oyendo hablar de médicos Marian se sumó a la conversación contando que en una ocasión entró al quirófano porque le tenían que poner un clavo en un tobillo y que, cuando más miedo tenía, apareció el Popo de improviso, entre las brumas del sedante, tomándole la mano tranquilizadoramente. "Como tantas veces", pensamos a la vez unos cuantos. El Popo es otro del barrio de-los-de-toda-la-vida, que trabaja de celador en el hospital La Paz. Allí nací yo, y allí es donde te han asignado plaza para nacer. Si todo sale como debe, el Popo aparecerá también en la habitación y nos posará un beso de tranquilidad tras el duro trance.

De manera espontánea brindamos todos por los besos hospitalarios del Popo, que por cierto no estaba, quizá le tocaba turno, probablemente estuviese sujetándole la mano a alguien, a un paciente que se estaría aferrado a los clavos ardiendo de su mirada tranquila, a un efímero alguien que tal vez brindará por él en unos años, en algún vago requiebro de su propia nostalgia.

Después hablé con Luisi, otra curvilínea bailarina. Luisi no es del barrio, pero sí es de la misma peña que a veces salimos a quemar Madrid, suele parar en el Bar el día de la semana que le toca el cursillo de danza, y tampoco falta los días señalados: fiestas de disfraces, determinados cumpleaños. Le pregunté a qué se dedicaba, qué hacía para ganarse la vida. Antes apenas me interesaba lo que hacía la gente fuera del Bar, últimamente sí, me hace sentir más cerca de mis cotidianos. Me respondió que trabajaba en un laboratorio, con bata blanca y tubos de ensayo. Luisi, después de detallarme los pormenores de su trabajo y el estilo de vida de sus compañeros, concluyó que, en el barrio, los que llevamos toda la vida parando en el Bar, no somos normales del todo. Por lo visto la gente normal ve mucho más la televisión, sale de ocio por centros comerciales, encarga pizzas y se va a la costa levantina de vacaciones. Según argumentaba Luisi, la gente normal compra revistas de prensa rosa y no se pierde la liga de fútbol, la gente normal tiene casas que pertenecen a los bancos, coches que pertenecen a los bancos, hijos que pertenecen a los bancos. Y ropa de marca y un ordenador que te cagas. Y practican deportes. Nada me pareció una gran diferencia: "Nosotros algunas cosas de esas ya tenemos... hipotecadas también... y, como todos, compramos en el Carrefour los primeros domingos de mes antes de que se enfríe la paga... y, como todos, nos apretamos el cinturón con alguna talla menos a partir de cada día 20... El fumar cuatro porros y pensar que todos los de arriba son unos hijos de puta no nos hace diferentes...", le repliqué con ironía, aduciendo además que futboleros hay demasiados y que de la muerte lenta que produce la televisión se libran muy pocos. "Pero no somos como ellos", sentenciaron al unísono el Mono y Alberto Arcones cuando se sumaron a la conversación y al *bebercio*, argumentando que, a la gente normal, y remarcaron al pronunciar la palabra *normal* para hacer notar que llevaba comillas, no se le quedan los colegas colgados, varados por el camino. Que la gente normal no está acostumbrada al acoso de la policía cuando sale de cacheo. Que no se los detiene. Reconocí que por ahí no estábamos muy limpios, y maticé la palabra *limpios* con el énfasis necesario para que se notase que iba subrayada. Me rendí a la evidencia de que, en el plano estricto de la contabilidad matemática, conozco más gente que consume que gente que no. Casi todos mis amigos han sido o son trapicheros. Quizás ese dato marque un detalle significativo a la hora de definir los parámetros de normalidad. "Pues que legalicen y todos normales", sentencié. "Mi niño, tú no vives en el mundo real", se rió Alberto Arcones antes de invitarme a la penúltima.

Acabé la tarde de bar descojonándome con Cigala de nuestra futura vejez, de cuando el cuerpo diga, después de cuarenta años de azuce con humo, alcohol y anfetamina, hasta aquí hemos llegado. "¡Ya verás tú la que se va a armar!", me dijo Cigala mientras nos servimos la última caña. Finalmente cobró a todos los parroquianos y a mí me apuntó en el cuadernillo, pues sabe que no me gusta pagar al momento, que me gusta imaginar que tengo barra libre. Como siempre, bebí a placer sin mirar al bolsillo, ya llegará principio de mes. Tan flotando iba que subí volando a casa.

Hoy estuve un rato en el bar, no hablé con nadie, solo dije "Ponme una" y después "Ponme otra", y así. Estuve divagando porque sí, por gusto. Primero pensé en una idea que nos ronda la cabeza a tu madre y a mí desde hace tiempo: irnos de vacaciones al barrio de Lavapiés, al colorido centro de Madrid; le cambiaremos la casa por unos días a alguno de los amigos que viven allí. Unas vacaciones baratas y cosmopolitas, a tiro de metro, con kebabs a medio día y té al caer la tarde. Pasaremos unos días relacionándonos con otra gente, incluso de otros países y otras razas. Compraremos algún cachivache en las tiendecitas hindúes, y libros enrollados en las librerías alternativas, y desayunaremos platos vegetarianos... Y tendremos mucho cuidado en ese barrio del que se cuenta que la policía no sabe si está en Hollywood o en la selva, si son héroes o tarzanes, y esquivaremos en las aceras a las pandillas de quinceañeros marroquíes puestos hasta el culo de pegamento. "Ponme una". "Ponme otra". Después pensé en esa metáfora que tantas veces le he dicho a tu madre y que ahora se me queda tan corta. Toda la vida diciendo que me metía dentro de tu madre, que estaba dentro de ella, y qué pobre se resuelve cuando tú sí que estás dentro, oyendo todo, viviendo todo. A veces da vértigo pensar la velocidad a la que te multiplicas por ahí dentro. Aquí fuera todo va más lento. Congelado incluso. Para atrás, que es peor. Y de pronto me puse nostálgico, pensé en las encías que se pierden, que nunca se recuperan, en los amigos que tampoco. Besé con un piquito la memoria de los que se fueron para siempre, a Uli, a Juanito, a Fernando, a Isra... Besé a los que ya no viven en el barrio, que aparecen una vez al año, con las navidades o la primavera, a Pacomé, a Feo, a Pichilla, a Albondi, a Naza, a Trespi, a Panta, con quien por cierto hace años que no me hablo…. ¡Ay! Les crecieron alitas.

Hacía días que no pasaba por el Bar, hoy quise ir, pero estaba cerrado. Ya me enteraré por qué.

Este fin de semana estuve en la fiesta que Rafa y Omayra organizaron en su casa con terreno en Torrelaguna, a las afueras de Madrid, donde hace años el cardenal Cisneros hizo su apostólico agosto. Hasta hace poco la pareja vivía en el barrio, de hecho, sigue trabajando en su propio taller de costura en la calle Virgen Susana. Dimos buena cuenta del costillar del cerdo troceado que guardan en el congelador, cuya carne es a pachas entre Rafa, Omayra, Fredi y algunos más. La hermana de Fredi cría cerdos en una lejana y pequeña aldea gallega, así que unos cuantos del barrio pillaron el gorrino a medias, que, tras la matanza, fue a parar al congelador de los anfitriones y de ahí al estómago de unos cuantos convidados. Fueron dos días lindos, con porros y chimenea, grasaza porcina y conversaciones versadas en el tres por cuatro de siempre: sexo basto, drogas descarriadas y la política de nuestro microcosmos social, nuestro chulo no saber pero intuir. Entre las aparentes conversaciones se colaba perceptiblemente un sentir preguntón, que se basaba llana y sanamente en un cercano "¿cómo estás amigo?". Obviamente se nos secó la lengua con tanta respuesta en la boca, pero la supimos mojar. También, por costumbre y ritual, nos empolvamos delante del espejo, aspirando tantas veces el aire serrano. La verdad es que así nos relacionamos mejor. El Cerra durmió esa noche en su parcela, un trozo de terreno de hierba, piedra y rastrojo sin casa o construcción alguna, pues no le da para tanto el dinero. Hace años que el Cerra se ha instalado una tienda de campaña individual y allí pasa las noches de los fines de semana, echándose el último porro del día disfrutando de las estrellas o la lluvia, y cuenta que no sueña nunca con cómo será su casa, porque sabe que con las ñapas no va a poder hacérsela nunca. Al Cerra le saben mejor las noches en la tienda de campaña que el día a día de alquiler barato en la ciudad: la parcela es suya, desde allí puede tocar el cielo.

Ayer estuvimos en el Bar celebrando el cumpleaños del Zeque: éramos los cuatro de siempre. Por ser principio de semana nadie quería el speed que ofrecía el celebrante, pues hoy se curraba. Aun así, se abrió la puerta del baño en más ocasiones de las aconsejadas por el despertador. Besé con gusto a Zeque y desafiné con sorna aquello de que se lo iba a pagar todo. Después, viniendo a cuento, el Charco me hizo un listado de sus escritores favoritos: Herman Hesse, George Orwell, Poe, Quevedo, Asimov y Cortázar. También me habló de Valle-Inclán y su oda a la marihuana, de Lorca, de Juan de la Cruz y sus poemas adaptados a letras flamencas. Agradecí la conversación, al final de la cual se coló Loli para contarnos, con voz rota y acelerada, que el otro día habían entrado en su garito, el Tú Lo Flipas, nueve policías, cinco de paisano y cuatro de uniforme, y lo habían registrado todo, hasta la cadena de la cisterna y el hilillo de las bombillas. Por supuesto no hallaron nada. "Si llega a ser hace diez años", se jactó Loli, "todavía estoy pagándolo. Pero ahora no, ya puse la mano y recogí. Hace tiempo que me crecieron alitas". Aún tuve tiempo de cantar media docena de veces más el cumpleaños feliz y de alegrarme de que el Toro, pese a exprimir a conciencia la barra libre de cerveza que ofrecía Zeque, no hubiese mordido a nadie durante la celebración, pues cuando bebe mucho al Toro le da por ahí: se agacha a cuatro patas y busca pantorrilla ajena con sus colmillos humanos. Su gesto es lunático, pero él tonto no es, sabe a quién muerde, salva su colleja.

Buenas noches, mi amor, vengo del cine: ya he olvidado la película. Fui solo, tu madre y tú os acostasteis temprano, así que sustituí el Bar por el inhóspito centro comercial del barrio que incluye varias salas de cines, amén de los restaurantes de comida rápida, las tiendas de ropa de marca y las de opciones de telefonía. Aún tuve una arcada. Me senté en la primera butaca libre que me gustó, sin atender al número que me tocó con la entrada, luego, mientras comenzaba la película, tuve hasta dos veces que cambiarme de sitio, pues en dos ocasiones apareció una pareja de sosos amantes solicitando sus sitios numerados y perfectamente numerados, numerados y seguramente numerados, afortunadamente numerados. Rezongué en voz baja de esta gente que ni sabe ni quiere saber de locuras, ni de charcos ni de negros, pues no están ordenadamente numerados. Que tan solo quieren vivir en paz y seguir comprando, seguir poniendo la soga en el próximo linchamiento, que es el propio. Después me arrepentí y admiré con gusto su deseo de paz, tan merecido. A la salida del cine, con el barrio ya dormido, aún busqué una cerveza nocturna para darme un paseo silencioso, pero la obtusa y ridícula ley que no deja vender alcohol en las gasolineras me lo impidió. Tuve que cagarme en dios a palo seco, a la intemperie de este cielo negro, poluto e insano.

Hoy me encontré en el Bar con la Greca, tras dos o tres años sin verla. Me dijo que ha vuelto al barrio, que viene llena de planes y con un niño. La Greca tiene apenas 24 años, la conozco desde hace diez o más, entonces era una cría, pero siempre desgastó mucha suela y muy rápido. "Si no estoy muerta es por el niño", me dijo, y yo supe que tenía algo de razón. "Quién sabe, quizás también hubiese llegado a las mismas conclusiones sin él", reflexionó posteriormente, y puede que también tuviese algo de razón, aunque aparentemente menos. Se le ha quedado a la Greca el hablar lijado de quien ha vivido muchas cosas quemadas en papel de aluminio. La cara y los dientes lo delatan. Pero está viva. Y me dijo que sana. Del padre del crío no se sabe mucho y el último novio se le murió (no pregunté de qué o cómo). A la Greca le toca ahora buscarse la vida: me habló de que quizás vendiese el pasaporte, me pidió que le diese más detalles sobre ese cristal de mdma del que tengo tan buenos contactos, me dijo de hacerse un viaje... La felicité por el niño y le deseé toda la suerte del mundo con sus nuevos planes, me salió un improcedente ramalazo de hermano mayor y le recomendé que tuviese cuidado, le recordé que ya no éramos unos críos, que la venda tenía que haberse ido cayendo de los ojos, que ahora teníamos hijos, que deberíamos conocer ya el resultado de la pelea entre la barra y la vida, que ya no éramos invulnerables, que estrenábamos veteranía y este tren necesita de los pies en el suelo, para escuchar en nuestros cuerpos el brote en los omoplatos, por el posterior de los pulmones. Hombres llamados caballo, pero colgados por detrás, que vuelan, que no saben de cielos, pero hablan con úteros.

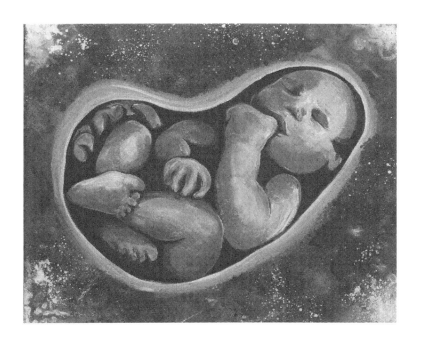

CAPÍTULO XIII. 37 SEMANAS DE GESTACIÓN

49 Cm. 3 Kg.

Llegué al hospital con hambre, y eso que para realizar una monitorización te recomiendan que comas. Pero lo olvidé, o más bien pensé que era al revés, que había que estar en ayunas para realizar la prueba de control del feto, el estereotipo dicta que las pruebas de hospital se hacen en ayunas. Me equivoqué. De todas formas, en el hospital me dieron un zumo, para que lo tomases tú, de esta manera se activaría tu movimiento y se podría medir mejor el estado de tus latidos cardiacos.

Durante las últimas semanas vine notando contracciones: la tripa se me ponía dura, muy dura, y tenía que dejar lo que estuviese haciendo y sentarme unos minutos, hasta que se destensasen los músculos abdominales. No eran contracciones de parto, tan solo amables avisos de mi propio cuerpo disponiéndose a expulsar el tuyo. En el hospital me confirmaron que esos síntomas eran normales, cosas lógicas del embarazo. Había dos embarazadas más en la sala de monitorización, ellas entraban y salían, a mí me mantenían enlazada a los cables eléctricos. La enfermera que me atendió no era muy agradable, era rígida y metódica. Llevé una grabadora para capturar el sonido de tu corazón, pero me dijo que estaba prohibido su uso. Las otra embarazadas se fueron y a mí me repitieron hasta el zumo. Hasta que el alimento líquido no excitó tus sentidos no te moviste lo suficiente para que la prueba saliese bien. Mientras tanto me llené de dudas, la silenciosa rectitud burocrática de la enfermera me desconcertó, le faltaba empatía y eso que comentó que también ella estaba embarazada. Un póster en la pared repasaba tus pasos en la vida desde el primer e irrepetible abrazo que se dieron el óvulo y el espermatozoide: al cuarto día ya eras una mórula, al séptimo un blastocito, embrión en tres semanas, feto a los cinco meses y finalmente una bebé monitorizada y vista para sentencia: condenada a vivir fuera.

Finalizada la prueba, que dio como resultado el deseado todo es normal, le comenté a la enfermera, casi de despedida, que en los últimos días estaba mojando, manchando las bragas de un líquido trasparente y algo viscoso que no era orina, inodoro y húmedo, le advertí que cada día estaba mojando más. La enfermera, con agreste eficiencia, me mandó a urgencias, en la planta baja del hospital. Ahí fue cuando de verdad empecé a morirme de nervios, intuyendo que podría ser que algo no saliese. En el curso de preparación al parto la matrona lo había dejado claro: "Si mojas es que hay rotura de la bolsa amniótica y eso significa…".

Al entrar en urgencias tuve ocasión de ver a una embarazada en trance, al compararme con ella no hallé reflejo. Yo estaba tan normal, me sentía tan normal. Una sensación de irrealidad se fue apoderando de mí, sobre todo viendo a aquella mujer agarrada a la pared pegando gritos. Una doctora me llevó a su consulta, me examinó y me mandó hacer una ecografía. Cuando los resultados de la ecografía estuvieron listos, un doctor vino a decirme, con estudiadas palabras tranquilizadoras, que me quedaba en el hospital, que todo en mí estaba preparado, que tú ya estabas colocada con la cabeza apuntando hacia la luz, que para que anduviese yendo y viniendo al hospital en las próximas horas mejor nacías ya. Por lo visto había empezado a dilatar y no me había dado ni cuenta, además ayudarían a acelerar el proceso con un dilatador químico.

Salí de urgencias en silla de ruedas, bata blanca y botas de calle, con mi ropa en una bolsa de plástico. Un enfermero me llevó en el ascensor de uso exclusivo para pacientes y personal a la sala de preparto unos pisos más arriba. Durante el trayecto me entró la risa, sabía que en el fondo lo que me estaba pasando no era tan raro, hacia días que sabía que estaba a punto, en la presunción de pérdida no había perdido nada, tú estabas bien y estábamos entre médicos, todo iba bien. Cuando finalmente me reconocí que nacerías ese día, mis alas se batieron con el aplauso expectante que precede al comienzo de la función.

Cuando entré en la sala de preparto en silla de ruedas

iba diciéndome: "Voy a parir y me siento tan normal, qué curioso". Me correspondió un cuarto pequeño con dos camas y un aseo, la otra cama permaneció desocupada hasta última hora. Me entretuve dando paseos mientras transcurrían los acontecimientos. Pasaron varias horas. Algunas veces vinieron a verme doctores y enfermeras con diferentes cachivaches y peticiones. Me impresionó especialmente una mujer en el cuarto de al lado que llevaba tres días con contracciones y no acababa de parir, vi el dolor en su rostro antes de que a mí me ocurriese, me asustó su cara de acelga, su sufrimiento de mujer. Una oleada de hiperrealidad me hizo sudar, tuve entonces la auténtica conciencia de estar donde estaba, en una maternidad. Aun así, todo a mi alrededor era una película, yo me sentía tan normal, normal entre comillas, con veinte kilos de más pero igual. No sé si el dilatador me lo inyectaron o me lo dieron a beber, me dejaba hacer y, aunque preguntase, la situación exterior era de un anómalo que me superaba. Llevaba ya varias horas en el hospital, había pasado por varias plantas, enfermeras y doctores, y además me sentía en ayunas con apenas los dos zumos.

Sentí de pronto que el telón ya estaba levantado y yo no me estaba enterando, el personal del hospital me esculcaba, pero no me explicaba, era invisible para ellos. Con el rostro hastiado encaré a una doctora joven, le pedí que me explicase con seriedad que estaba pasando, se rió condescendientemente y me dijo que estaba empezando a parir, que todo estaba siendo normal y que ya tenía cinco centímetros de dilatación, que prácticamente ya era el momento. ¡Cinco centímetros dilatados! ¡Si a los diez ya estarías fuera! ¡Ay madre!

Entonces me acaricié la barriga y te hablé. Tranquilizándote, tranquilizándome, te dije: "Mi niña, vas a nacer hoy, dentro de unas horas estarás fuera. Hoy te veré la cara. Confía en mí, voy a poner todo de mi parte para que esto salga bien, haré todo lo posible, no me dejaré rular por el dolor, sufrirás lo menos posible". Ahí me comieron los miedos de pensar que no sabría hacerlo. En ese momento olvidé el hambre, lo olvidé todo. Una enfermera vino a quitarme el tapón mucoso de la vagina, me dijo que me iba a hacer daño, pero no fue así. A los pocos minutos de retirarse la enfermera sentí unas ganas terroríficas de cagar, pero nada más entrar en el baño, se me abrieron las compuertas de la esclusa. Rompí aguas cuando pensaba que en verdad iba a cagar. De hecho, manché el suelo del baño con heces y líquido amniótico, me entró una súbita vergüenza y me puse a limpiar lo manchado. Pronto olvidé la limpieza, pues un inenarrable dolor me obligó a tumbarme y llamar a una enfermera. Las contracciones de parto acababan de comenzar.

Cada contracción era como si me agarrasen de las trompas de Falopio y tirasen con fuerza hacia atrás, como si desde el ombligo me tirasen con fuerza hacia atrás, como si desde el ano me tirasen con fuerza hacia atrás. La tensión era tal que perdía el sentido de la realidad inmediata buceando en mi propio dolor. Sentía llegar cada una de las sucesivas contracciones, cada vez los tirones eran más fuertes y estaban menos espaciados en el tiempo. Olas de dolor que apenas se intuían unos segundos antes de que acontecieran. Intenté recordar y poner en práctica los ejercicios respiratorios aprendidos en el cursillo de preparación: tres empujones por contracción, ayudando al útero, músculo hueco para entonces tensísimo, hinchadísimo, dolorido. Cogía aire, empujaba con sudoroso sobreesfuerzo desde las ingles hasta la vagina y expulsaba el aire. Tres veces tenía que hacer ese ejercicio por contracción y tantas veces perdía la cuenta de las respiraciones que llevaba, el nudo no me dejaba pensar, solo sentía dolor, intentaba hacerlo lo mejor posible, para que el jaleo te afectase lo menos posible, mas no podía pensar. Cuando se iba la contracción, llegaba la paz, pero cada vez que intuía una nueva contracción me llenaba de un intenso pavor, miedo a sentir la imparable cascada dolorosa. Y ese miedo también dolía. Los periodos de paz eran cada vez más cortos, empezaba a estar realmente agotada, noté que estaba empapada en sudor, me daba la impresión de que en cada empujón tu cabeza pugnaba por asomar afuera, abría las piernas pensando que tu cabeza estaba ya en el borde de la vagina, pero aún no era así. Tenía la sensación de que el coño se me agrandaba por momentos y tu cabeza ya comenzaba a salir, pero aún no era así. Con cada empujón pensaba que te me escaparías, casi que te caerías al suelo. Pero no era así.

En medio de aquellos horrorosos ataques denominados contracciones me pasaron al llamado paritorio. Durante unas horas me dejarían a solas con las desconcertantes y agónicas sensaciones de las sucesivas contracciones. Enfermeras y matronas entraban y salían comprobando ritmos cardiacos y demás zarandajas. Aun trabajando sobre mí no reparaban en mí, seguía siendo invisible para ellas, en aquella factoría de bebés tenían claro que lo único digno de cuidado era el propio bebé, que saliese vivo y lo más sano posible, y a la madre, bisturí si se precisaba, y al padre, un no interrumpa caballero. Las novatas pagamos el pato de no saber que en la fábrica de niños no hay tiempo para charlas personales, se está al tajo.

Me dio igual su funcionamiento mecánico, vi claro que haría lo posible para que todo el mundo te ayudase a salir bien. Intenté ser agradable para que el personal hiciese su trabajo lo mejor posible, me importó que los profesionales estuvieran contentos conmigo, para que salieses sana y salva. Que ellos hiciesen bien su trabajo, que se estaba jugando tu vida. Nada tenía tanta importancia.

Si hasta los cinco centímetros dilatados no me había enterado, de los cinco a los siete y medio mi cuerpo se había convertido en un infierno cuya puerta se agrandaba por momentos. Para entonces rogué por favor a cada nueva bata verde que me pusiera la anestesia de una vez, la epidural, que mi resistencia tenía un límite. Al fin vinieron a ponerme la epidural, las contracciones eran para entonces cada muy pocos segundos, había que atinar con meter la aguja entre dos vértebras mientras la columna vertebral estaba relajada, esto es, cuando no hubiese contracción. De alguna manera lo consiguieron, ni sentí el pinchazo, yo estaba a otra cosa, a controlar la respiración. Estaba agotada de empujar, creía que no ibas a salir, necesitaba relajarme.

Cuando la anestesia epidural comenzó a surtir efecto, el cambio fue radical, me sentí de pronto entre algodones, de cintura para abajo no notaba nada, se me durmieron las piernas, comencé a empujar por el recuerdo que tenía de lo que acababa de ser cada contracción. Una paz química y bendita, muy efectiva. Hice las sucesivas respiraciones de memoria, empujando sin notar que empujaba. Entonces empecé a controlar la situación, hasta entonces me había dejado llevar, arrastrada por el parto. Abrí los ojos y me resitué, me fui enterando de todo, apenas unos minutos antes sentía tan solo dolor y buscaba desesperadamente los remansos de breve paz, ahora, calmamente, podía hablar con las enfermeras y con el médico, henchida de tranquilidad y relax. Noté el atardecer veraniego colándose por la ventana, conté las horas que llevaba en trance: más de seis. La noche era clara, el día fresco y guapo, Madrid seguía al ritmo de su locura habitual.

A mi alrededor se arremolinaron varias matronas para recibirte, la dilatación había concluido y te tocaba salir. Más allá de mi ombligo estaba pasando de todo, pero espatarrada como estaba no pude verlo, me cubrieron con una sábana verde para que no me asustase de la orgía de sangre y vida que acontecía entre mis piernas. De pronto una de las enfermeras comentó que se te había enganchado el cordón umbilical en el cuello. Llamaron a un médico. Me comentaron que no me preocupase, que era algo normal. Un auxiliar se me subió encima de la tripa, me decía que empujase más y yo lo intentaba, quizá no lo estuviese haciendo bien, me temí. En ese momento ni notaba, ni sentía, ni veía. El auxiliar me clavó el codo y me hizo daño, vomité un poco, pero había que empujar, a ciegas. Ánimo, que lo estaba haciendo muy bien, me dijeron.

Me hicieron un corte en el músculo pc para que tuvieses más abertura de salida, una episiotomía. Ni me enteré. Intuí que ya estabas saliendo y comencé a llorar. Olí un trazo de mi nuevo sentir. Te olí y lloré. Lloré sin parar, de simple emoción. Un llanto que aún debería durarme muchísimo tiempo. Saliste bien, sana y completa, morada y entera, te limpiaron y te pusieron encima de mí. El vaciado interior colmó el exterior. ¡Sentí tal llenura! Nunca antes había llorado tanto y tan a gusto, de pura emoción y sentimiento.

Fin. La bebé nació correctamente. Aplausos y risas. Doce embarazadas lo certificaron ayer mismo, en el último día del cursillo de la matrona del ambulatorio del barrio. Quizá por ser yo el único varón, la matrona me eligió como ejemplo para fingir un parto. Como has visto, intenté empujar y respirar como una más, intenté parirte lo mejor que supe, dar todo lo que pude de mí. Habrá que ver ahora lo que la realidad nos trae. Normalidad es lo que pido, como en todo este cuento.

Hoy tu madre y yo tomamos una gran decisión, tras no pocas vueltas te hemos puesto nombre. Teníamos que decidirlo ya, nacerás en unos días. Basta, pues, de escribir, me toca cogerte en brazos. Un beso, mi amor.

Te quiero.

Papá.

ACERCA DEL AUTOR

Kike Suárez "Babas"

Kike Suárez "Babas" (nombre artístico de Enrique Suárez Caycedo, Madrid, 5 de marzo de 1970), es un músico, cantante, escritor, videorealizador y crítico musical. Como músico es el vocalista de los grupos Kike Babas y La Desbandá y La Banda del Cante Pirata en tanto que como crítico musical todo su trabajo va firmado como coautor con su compañero Kike Turrón.

Comenzó su carrera en el mundo de la música como crítico musical. Ha formado varios conjuntos musicales con los que tiene varios discos publicados: King Putreak (disueltos en 2007), The Vientre (disueltos en 2006), Huevos Canos (disueltos en 2002) y desde el año 2007 lidera Kike Suárez & La Desbandada que posteriormente muta su nombre a Kike Babas y La Desbandá. Actualmente ejerce de crítico para las publicaciones Zona de Obras, Rock Estatal, Ruta 66, Bao Bilbao, El Asombrario y Manerasdevivir aunque ha colaborado con más publicaciones, por ejemplo Pasando Página, Rolling Stone,Gara y El Tubo. De enero de 2017 a enero de 2018 dirige y presenta el programa de radio El Sonido de los Mandriles para la emisora municipal del ayuntamiento de Madrid, M21.

Como escritor se ha especializado en escribir biografías de músicos de rock de ámbito estatal (Rosendo, Los Enemigos, Reincidentes, Leño o Manu Chao) además de haber publicado cuatro libros de escritos propios (Jirón, 2005, El engranaje de las mariposas, 2007, Días de speed a falta de rosas, 2009 y 'Trilogía de Calle y Beso, 2012).

Ha ejercido como video realizador y guionista para muchos grupos musicales, como Marea, Manu Chao o Porretas.

LIBROS DE ESTE AUTOR

Manu Chao Ilegal. Persiguiendo Al Clandestino

Biografía de Manu Chao. Por Kike Babas y Kike Turrón.

Maneras De Vivir. Leño Y El Origen Del Rock Urbano

Biografía de Leño. Por Kike Babas y Kike Turrón

Housito Y La Vuelta Al Mundo En Familia

Cuento infantil sobre la vuelta al mundo. Ilustrado por Ramone

El Sol Y La Rabia. Biografía De Reincidentes

Biografía de Reincidentes. Por Kike Babas y Kike Turrón.

Dentro. Conversaciones Con Los Enemigos

Biografía de Los Enemigos. Por Kike Babas y Kike Turrón

La Sana Intención. Conversaciones Con Rosendo

Biografía de Rosendo. Por Kike Babas y Kike Turrón

Tremendo Delirio. Conversaciones Con Julián Hernández

Biografía de Siniestro Total. Por Kike Babas y Kike Turrón

Trilogía De Calle Y Beso

Relatos cortos. Kike Babas

Made in the USA
Columbia, SC
20 February 2022

56520003R00061